KB250843

스탠리 하우어워스

시민, 국가 종교, 자기만의 신을 넘어서

마크 코피 지음·한문덕 옮김

스탠리 하우어워스

시민, 국가 종교, 자기만의 신을 넘어서

마크 코피 지음·한문덕 옮김

비아
VIA

| 차례 |

감사의 말

이 책의 초안을 살펴주고 조언을 아끼지 않았던 데이비드 클러프와 그랙 포스터에게 감사의 말을 전한다. 또한 스탠리 하우어워스에게도 감사의 인사를 드린다. 한 번 만났을 뿐이지만 신학자가 대학과 사회에서 최선을 다해 연구를 하듯 교회를 섬기는 일에도 최선을 다해야 한다는 그의 확신은 제자도에 대한 나의 열정을 회복시켜 주었다.

일러두기

· 역자 주석의 경우 *표시를 해 두었습니다.

우리는 삶을 선물로 받는다.

아무 이야기가 없을 때 선택한 이야기 말고는

어떤 이야기도 취해서는 안 된다는 말은 거짓말이다.

그리스도교인은 살아 있음을 감사할 수 있는

아버지가 계심을 인정하는 사람들이다.

그리고 삶을 선물로 받아들이는 법을 배우는 것이

그리스도교 제자도다.

이는 가장 심오한 정치적 함의를 지닌다.

『화평케 하는 자는 복이 있나니』 中

서문

스탠리 하우어워스Stanley Hauerwas는 대부분의 신학 서적이 학계에서만 통용되기 때문에 사목하는 이들은 신학 서적을 거의 읽지 않는다고 말한다.[1] 그러나 복음주의 성직자, 신학생, 블로그 문화에 친숙한 이머징 교회 지도자와 같은 새로운 세대들은 그의 교회 중심적 신학 윤리에 깊은 관심을 보인다.[2] 교회란 제자 공동체가 되어야 한다는 하우어워스의 비전은 양육 프로그램을 통해 명목상의 교인만을 양성하는 최근 교회들의 행태에 해독제 역할을 한다. 효율성을 넘어 신앙에 충실하라는 그의 선언은 상품을 판매하듯 선교하는 대형 교회의 행태에 경종을 울린다. 경건주의가 예수의 정치적인 활동들을 희석했다는 그의 확신은 소비주의 세계 한복판에서 자본주의의 희생자들과 함께 하는, 낯선 거류민의 공동체로서 교회가 지녀야 할 사회적이고 정치적인 소명을 일깨운다. 그는 광범위한 글을 썼고 아리스토텔레스Aristoteles, 아우구스티누스Augustinus, 루터Martin Luther, 칼뱅Jean Calvin, 바르트Karl Barth, 본회퍼Dietrich Bonhoeffer, 요한 바오로 2세Joannes Paulus II, 비트겐슈타인Ludwig Wittgenstein, 요더John Howard Yoder와 같은 사상가들을 재조명했다.

강연할 때 그는 마치 링 위에 오른 권투선수나 날카로운 예언자처럼 말한다. 독특한 음색과 미국 남부의 느린 어투로 저속한 말을 던지기도 하고, 예상치 못한 한 마디 농담으로 청중을 웃음바다로 만들기도 한다. 자신의 의견에 반대하는 이에게조차 그는 때론 즐거움을, 때로는 새로운 이해를, 때로는 불편한 도전을 가져다주는 신학자다. 그리고 이러한 그의 도발과 자극에는 언제나 '기도'가 있다.[3]

한 사상가를 이해하기 위해서는 그를 끊임없이 고민케 한 문제가 무엇인지를 알아야 한다. 이 책에서는 하우어워스가 다뤄온 다섯 가지 주제를 중심으로 그의 신학을 이해하고자 한다. 간략하지만 이 책을 통해 나는 교회의 증인들이 "새로운 것을 말하기보다는 진리를 말하는 것에 더 관심을 가질

때" 예언자 역할을 지속해서 감당할 수 있음을 보여주고자
한다.[4]

일부 근대주의 신학자들은 '하느님에 대한 발언'과

'인생의 복잡성'을 분리하려 시도했고, 그 결과

그들 신학의 핵심은 하느님이 아니라 '우리'가 되었다.

그런 일이 벌어지면 '하느님'이라는 단어가 정말 필요한지

불분명해진다. 나의 강연이나 저작이 '면전에 대고'

하는 말처럼 느껴진다면, 내가 '하느님'이 필요한 단어임을

보여주려고 시도했기 때문이다.

'하느님'을 말하는 법을 배우는 것은 어렵지만 좋은 일이다. 그 일

에 필요한 훈련을 하다 보면 세상의 실상에 대해

자신에게 진실할 수 밖에 없기 때문이다.

『한나의 아이』中

01

—

복음 대 자유주의적 근대성

"예수는 저에게 구원자입니다. 이것은 저의 개인적인 의견일 뿐입니다." 이런 말을 하는 사람들은 도대체 어떤 작자들인가? 당신이 이렇게 말한다면 이는 당신이 그리스도교인이 아니며 그저 관용적으로 살아가는 자유주의 미국인이라고 고백하는 것에 불과하다. 당신은 당신의 삶을 송두리째 바꿀 준비가 되어있지 않은 것이다.[5]

오늘날 그리스도교인들은 왜 자신의 신앙이 자유민주주의를 거스르면 안 된다고 생각할까? 자유민주주의에 부합해야 한다는 의무감은 어디에서 온 것인가? 하우어워스는 이

해답의 실마리를 17세기 유럽에서 일어난 종교전쟁의 여파에서 찾는다. 종교전쟁이라는 격변의 시기에 많은 국가는 국가의 질서를 불안정하게 하는 종파주의religious tribalism에 위협을 느꼈다. 하우어워스는 이때 국가가 자신의 역할을 권력의 중립적인 관리자로 규정하는 것이 편리함을 알게 되었다고 말한다. 국가들은 각각의 종교 전통을 넘어서는 보편 이성에 입각한 철학 체계나 정치 조직을 구상하게 되었다. 이렇게 보편성을 띤 조직이나 체계가 없다면 또다시 유럽은 종교전쟁으로 혼란에 빠질 것이라 여겼기 때문이다. 이후 국가는 종교에 헌신하기보다는 민주주의 국가에 헌신하는 시민을 양성하는 자유주의 교육을 계획하고 실천했다. 하우어워스는 지적한다.

> 민주주의 사회에서 우리가 진정으로 관심하는 대부분의 것은 진정으로 관심하기 때문에 사사화私事化된다. 민주주의 사회질서를 유지하기 위해 그리스도교는 마땅히 사회적으로 소외되어야 했다.[6]

공적 언어와 자유민주주의 정치는 교묘하게 그리스도교인들을 낯선 거류민resident aliens에서 시민citizens으로 바꾸었다.

그리스도교인들은 이 땅에 적응한 토착민이 되었고 그들이 갖고 있던 중요한 신념은 부차적인 것이 되고 말았다.

본래 그리스도교 윤리는 그리스도교 전통을 따르며 '두텁다'. 즉 그리스도교인으로 산다는 것은 예수의 삶과 죽음, 그리고 부활에 대한 믿음을 통해서만 이해할 수 있다. 그러나 이러한 그리스도교 윤리는 자유주의 정치를 거치고 보편성을 띤 지적 언어로 옮겨지면서 점점 희석되어 그 깊이를 잃고 '얇은' 윤리가 되어 버렸다. 그는 현대 그리스도교인들을 향해 경고한다.

자유민주주의를 수호하는 일에 그만 매달려야 한다. 이제 우리의 상상력이 "공적 정치" 문제들에 붙잡혀 있게 해서는 안 된다. … 정치적 자유주의자들이 말하는 우선적인 정치적인 의무란 기껏해야 죽음의 공포 외에는 다른 공통 기반이 없는 사람들이 협력하여 만들어낸 합의를 지키는 것뿐이다.[7]

궁극적으로 사회 변혁은 구성원들이 서로 관용을 베푸는 정도에 머물러서는 일어나지 않는다. 그보다 훨씬 더 깊은 차원을 목표로 해야 한다. 교회가 그 고유한 기능을 자유민주주의 정치권력의 자리와 맞바꿀 때 교회는 교회를 세상의 빛과 소금으로 만들어 주는 공동체와 그 이야기에서 완전히 벗어나는 셈이다.

하우어워스는 복음보다 자유주의적인 근대성에 길들여지도록 교육받은 우리의 사고 습관을 지적한다. 우리는 이를 자각하지 못한다. 근대성은 스스로 객관적이고 보편적이며 특정 전통에 얽매이지 않는다고 주장하기 때문이다. 우리는 근대성이 아무런 이야기를 갖고 있지 않다고, 다시 말해 중립적이라고 생각한다. 그러나 이는 근대성이 우리를 속이는 것이다. 여기서 하우어워스는 철학자인 알래스데어 매킨타이어Alasdair MacIntyre의 철학적 업적을 받아들인다.[8] 매킨타이어는 모든 합리적인 추론은 그것이 이해의 과정이라 하더라도 특정 전통 안에서 이루어지는 것이라고 보았다.[9,10] 즉 세계를 위에서 보든 아래에서 보든 세계를 알게 되는 과정에 객관적인 관점이란 없다는 것이다. 우리는 유한한 존재이며 개인이 사유를 하고 언어를 사용하기 전에 이미 그 안에는 그가 속한 문화와 전통이 지닌 이야기와 언어가 필연적으로 묻어들어 있다. 이를 하우어워스는 능숙하게 요약한다.

근대성은 "당신이 어떤 이야기도 갖지 않았을 때, 당신이 선택한 이야기를 제외하고는 어떤 이야기도 가질 수 없다"고 말한다. 이것이 근대성에 담긴 이야기며 우리는 이를 자유라 부른다. 그러나 여기에 맞서 그리스도교는 다음과 같은 이야기를 전한다. "당신은 하느님의 것, 즉 피조물이다. 당신은 이를 결정할 수 없다."[11]

종교적인 양육이 사람들을 세뇌하는 것인지, 인문주의의 터전이 중립지대에 있는 것인지 논쟁할 때도 핵심 문제는 동일하다.

자유주의의 강압적인 성격

하우어워스는 텍사스 노동계급 출신이다. 그는 노스캐롤라이나에 있는 듀크 대학에서 강연을 할 때 낯선 생각을 내비친다고 해서 부끄러움을 느끼지 않는다. 언젠가 그는 자신과 같은 텍사스 사람에게 대학은 누구나 알 수 있는 사실을 번지르르한 수사로 포장해 가르치는 곳이라고 농담을 던진 바 있다.[12]

자유주의의 강압적인 성격은 공적 공간에서 누구나 자유롭게 말할 수 있다는 관용에 충실하기 위해 자신이 속한 전통을 단지 '개인적인 의견'이라는 괄호로 묶어버릴 때 드러난다. 이때 서로 다른 전통들을 매개해주는 '제3의 언어'를 고안해 내는 척하는 이론들을 하우어워스는 강력하게 비판한다. 그가 보기에 하버드와 같은 이른바 일류 대학들은 이러한 이론들을 생산해내면서 자신들이 세계를 조율하고 있음을 확증한다.[13] 자유주의를 표방하는 엘리트들은 어쩌면 자신들이 차이를 소중히 여기며 다원주의에 헌신한다고 생각할지도 모른다. 그러나 실제로 그들은 자신들이 만들어 놓은 유통망 안에서, 자신들의 조건을 따르는 한도 안에서만 거래가 이루어지기를 바란다. 그들은 말한다. "민주주의란 개인들이 각자의 차이에도 불구하고 잘 살 수 있다는 환상을 유지하는 것이다. 종교는 개인이 이러한 환상을 부담 없이 받아들일 수 있도록 사회적으로 강한 신념을 사적인 것으로 만든 창안물일 뿐이다."[14] 이러한 말을 하면서 자유주의자들은 하우어워스를 향해 파벌주의자, 신앙지상주의자, 종파주의자라고 비난한다.[15] 이러한 비난에 맞서 그는 교회의 사명은 "중국 문화 및 다른 문화들과 섞여 혼합물"을 낳는 것이 아니라고 말한다.[16] 그에 따르면 이 사회에서 교회가 감당해야 하는 봉사는 사회가 필요하다고 여기는 것을 주는 것이 아니라 "봉사 자체가 목적이 아님을 가리키면서 좀 더 결정력 있는 조직"으로 사회에 속하는 것이다.

이러한 하우어워스의 주장은 모든 사람이 수긍할 수 있는 신학적인 견해가 아니라 정통 그리스도교 견해에 가깝다. 그의 주장을 뉴스위크나 타임지, 오프라 윈프리 쇼에서 주목했다는 것은 아이러니한 일이다.[17] 그리스도교인들은 자신들의 방식대로 세계를 구하려 해 왔다. 이들에게 하우어워스는 그리스도교 고유의 이야기를 좀 더 진지하게 대하고, 그들의 삶과 더불어 그 이야기를 충실하게 말해야 한다고 당부한다. 독일 신학자 판넨베르크Wolfhart Pannenberg가 말했듯 "세속 사회들은 자신들이 그렇게도 강조한 개인의 해방 때문에 오래 지속하지 못할 것이다. 그러나 세계의 일부 세속 문화는 살아남을 것이다. 그 문화는 세속화 과정에서도 소멸하지 않은 채 남아 있는 그리스도교 전통과 도덕의 실체에 기대어 살아가기 때문이다".[18]

: 성찰을 위한 질문 :

1. 근대 자유주의 사회가 종교에 관한 일들을 사적인 일로 치부한

   다는 하우어워스의 말에 당신은 동의하는가? 교회의 공동체성이

   자유민주주의 사회의 공동체성보다 더 결정력이 있다면 우리가

   증인이 된다는 것은 무엇을 뜻하는가?

2. 근대 자유민주주의가 그리스도교가 지닌 확신에 대해 우리가 생

   각하는 것보다 관용적이지 않다는 하우어워스의 주장에 대해 어

   떻게 생각하는가? 당신은 이에 해당하는 최근 사례를 알고 있는

   가?

02

—

그리스도교 변증의 위험성

하느님께서 예수 그리스도를 죽음에서 일으키셨다는 것이 진실인지 아닌지를 밝히는 어떤 이론이 당신에게 필요하다면, 당신은 그 이론을 경배하는 것일 뿐 십자가에서 죽고 다시 사신 예수 그리스도를 예배하는 것은 아니다.[19]

현대인도 신앙을 가질 수 있느냐는 근대적인 문제와 씨름하는 일에 성서는 별다른 관심을 기울이지 않는다. 성서가 중요하게 생각하는 문제는 나자렛 예수의 삶과 십자가의 삶과 십자가의 죽음과 부활을 통해 하느님께서 우리와 함께하신

다는, 변함없는 진리인 복음에 우리가 신실한지의 여부다.[20]

진실한 주장을 만드는 건 문장이 아니라 사람들이다.[21]

그리스도교 변증은 그리스도교 신앙이 근대 상황에서 의미있게 하며, 그리스도교 신앙에 반대하는 주장에 대응하면서 사람들에게 적절한 근거를 제공하는 데 그 의의가 있다. 그런데 이런 변증이 왜 잘못되었단 말인가? 분명 그리스도교 변증은 전도에 있어 중요한 요소다. 성서는 우리에게 가르친다.

여러분이 간직하고 있는 희망에 대해서 설명을 듣고 싶어 하는 사람들에게는 언제라도 답변할 수 있도록 준비해 두십시오. (1베드 13:15)

바울로도 "내가 어떤 사람을 대하든지 그들처럼 된 것은 어떻게 해서든지 그들 중에서 다만 몇 사람이라도 구원하려고 한 것입니다"(1고린 9:22)라고 말했다. 그렇다면 무엇이 문제인가? 그리스도교 신앙을 향한 지적 도전에 대응하면서 동시에 진실한 증인으로 살아가는 양동 작전을 펼쳐야 하는 것이 문제란 말인가?

하우어워스가 문제 삼는 것은 현대 세계가 질문하는 범위와 규모에 견주어 그리스도교적 답변이 협소해진다는 것이다. 변증을 통해 우리가 기대할 수 있는 최선은 세상이 믿지 않은 것에 대해 점점 더 말하지 않는 것이다.[22] 이를테면 우리는 '죄'를 심리학적 개념으로, '구원'을 감정적인 욕구를 충족하는 개념으로 변형시킴으로써 "세상을 복음에 맞추어 변화시키는 것이 아니라 복음을 세상에 맞춰 변화"시킨다. 이처럼 세속 언어를 통해 확실성을 갖고자 하는 그리스도교 변증은 자기도 모르는 사이에 그리스도교 신앙을 부수적인 것으로 만들어 버린다. 하느님을 아는 방법을 논할 때 하느님을 그의 아들을 통해, 성서를 통해, 그리고 그의 몸 된 교회를 통해 알 수 있다는 내용을 제외하면 타당성을 얻는 것은 무신론이다. 하우어워스는 악의 문제를 다룰 때 '신정론'神正論 theodicy이라 불리는 담론이 형성된 시기에 근대 무신론이 등장했음을 지적한다. 이 시기에 근대성은 예배하는 사람들로 이루어진 공동체에서 분리된, 새로운 신을 만들어냈다.[23] 하우어워스에 따르면 교회를 위한 신학자들의 의무는 예수 그리스도를 근대 세계에 맞게 변형시키는 것이 아니라 세계를 예수에 맞게 변혁하는 것이다.[24] 그리스도교 변증가들은 자신들의 모국어를 잊어버리고 에스페란토어를 유창하게 구사했다. 또한 그들은 '논쟁을 위해서' 자신들의 신앙을 잠시 보류하는 것을 큰 문제로 여기지 않았다. 그리하여 논쟁의 장은 이동했고 그리스도교 변증가들은 하느님을 철학자들과 학자들의 신으로 만들었다. 그 하느님은 아브라함, 이사악, 야곱과 함께하셨던, 나자렛 예수의 하느님은 아니었다.

교회는 이제 그리스도교인들의 습관과 요구를 빚어내지 않는다.[25]

이 심각한 문제를 해결하려 할 때 변증은 우리 자신이 증인으로서 진실하고 충실한지를 돌아보게 하기보다는 다른 것에 관심을 돌리게 한다. 그리스도교가 지닌 이야기를 근대적인 언어로 번역하자 분명 이해는 수월해졌다. 그러나 아이러니하게도 그렇게 되자 그리스도교인들은 자신들의 도덕성과 영성의 성장을 돕는 토양을 상실했다. 우리는 "우리 자신을 변화시키기보다는 복음을 변화시키기 위해 애썼다".[26] 물론 믿음은 이스라엘의 문화적 관습에서 나온 행위와는 구별되어야 한다. 성서에서 하느님께서는 말씀하신다.

너, 이스라엘아 들어라. 우리의 하느님은 야훼시다. 야훼 한 분뿐이시다. 마음을 다 기울이고 정성을 다 바치고 힘을 다 쏟아 너의 하느님 야훼를 사랑하여라. (신명 6:4,5)

우리는 보편성을 갖는 근대적 합리성에 근거해서 복음을 해석하는 일을 중시한다. 그렇게 함으로써 우리는 복음을 좀 더 잘 이해하고 복음에 좀 더 손쉽게 사람들이 접근할 수 있게 하려 한다. 그러나 오랜 기간에 걸쳐 복음을 쉽게 이해하려 애쓴 결과 복음은 교회 공동체의 규율에 담긴 실천과 신념에서 분리되었다. 우리는 복음과 우리 삶이 불협화음을 일으킬 때마다 복음을 이치에 맞추려 애쓴다. 그러나 복음은 소비지상주의에 물든 우리의 영혼에 도전하고, 불순종으로 가득 찬 습관들에서 우리를 건져내려 하며, 제 홀로 편안히 사는 것에 상처를 낸다. '죄'는 단순히 잘못된 행동이 아니라 무언가에 사로잡히는 것이다. 우리는 무언가에 사로잡힌 채 살아간다. 문제는 그 무언가에 사로잡힌 채 살아가고 있다는 진실을 우리 스스로는 깨달을 수 없다는 것이다. 오직 하느님께서 사로잡힌 우리를 자유롭게 하셨음을 알 때, 하느님의 구원 활동에 제자로 참여할 때, 그리스도의 십자가를 따를 때 우리는 이를 깨달을 수 있다. 바로 이러한 이유로 하우어

워스는 교회가 신실한 증인으로서 주님을 증언하는 변증을
제외한 모든 변증을 강도 높게 비판한다. "이 백성이 입술로
는 나를 공경하여도 마음은 나에게서 멀리 떠나 있구나!"라
고 하느님께서 말씀하셨듯이, 변증적인 논쟁에서 이기는 것
으로 그리스도의 증인됨을 드러내는 것은 교회에는 별 의미
가 없다.[27] 이런 까닭에 하우어워스는 말한다.

> 성서를 따르는 백성에게는 무신론이 아닌 우상숭배가 더 중
> 요한 문제다.[28]

많은 사람이 그리스도인의 확신에 관한 논쟁의 장은 진리에
관한 근대적인 이성과 경험의 검증에 부합하는 방식으로 이
루어져야 한다고 생각했다. 그러다 보니 복음주의자들은 이
른바 '내러티브 신학'narrative theology이라 불리는 신학에 확실
성이 부족한 것은 아닌가 우려한다.[29] 그러나 하우어워스의
내러티브 신학은 포스트모더니즘이나 상대주의와는 거리가
멀다. 오히려 내러티브 신학은 근대 이전의 전통, 캔터베리
의 안셀무스Anselm of Canterbury가 말했던 "이해를 추구하는 신
앙"의 전통으로 돌아간다. 그리스도교 교리는 너무도 자주
지적인 논증으로 잘못 이해된다. 설교는 너무나 쉽게 추상적

인 신학을 적당히 우려내 이를 '적용'하는 데만 신경을 쓴다.
하우어워스가 비판하고자 하는 점은 바로 여기에 있다.

오늘날 미국 내 그리스도교에서 어떠한 일이 일어나고 있는
가. … 이는 신학대학과 의과대학에서 이루어지는 교육을
비교해 보면 쉽게 이해할 수 있다. 한 신학생이 말한다. "너
도 알겠지만 난 그리스도론에는 관심 없으니 올해 그 수업은
건너뛸 거야. 난 인간관계에 더 관심이 많아." 그러면 다른
학생들이 말한다. "그래, 그러면 너는 임상 목회 교육Clinical
Pastoral Education 수업을 듣는 게 좋겠다."
이 상황을 의과대학에 대입해 한 학생이 자신은 올해는 해부
학에 관심이 없으니 정신상담학 수업을 듣겠다고 말했다 치
자. 그러면 주변 학생들이나 다른 사람들은 말할 것이다. "너
미친 거 아냐? 네가 무엇에 흥미를 느끼는지는 중요한 게 아
냐. 의사가 되고 싶다면 해부학 수업을 듣든지 아니면 의학
공부를 때려치워."
진짜 윤리 교육은 이렇게 이루어져야 한다. 오늘날 신학 교
육보다 의학 교육이 더 중요하고 심도있게 다루어지고 있는
현상을 우리는 어떻게 설명할 수 있을까? 답은 간단하다. 충
분히 훈련되지 않은 사제가 자신의 구원에 심각한 손상을 가

져다줄 거라고 아무도 믿지 않기 때문이다. 반면 사람들은 충분히 훈련되지 않은 의사가 자신에게 심각한 해를 끼칠 수 있다는 것은 확고하게 믿는다.[30]

하우어워스가 그리스도교는 진리라고 말할 때 그 말이 무슨 뜻인지 묻는다면 그는 아마도 "그것을 위해 기꺼이 목숨을 내놓을 수 있는 것"이라 답할 것이다. 실제로 '순교자'martyr는 헬라어로 '증인'witness을 의미한다.[31]

하우어워스는 하느님께서 이스라엘 역사와 당신의 아들을 통해 또한 당신의 교회를 통해 자기 자신을 삼위일체이신 분으로 드러내신 일이 부차적인 것이 아니라고 믿는다. 이 내러티브는 하느님께서 우리를 구원하시는 활동의 구체적인 형태다. 그리스도교의 진리는 무시간적으로 체계화된 추상적인 진리가 아니다. 그리스도교가 말하는 진리는 예배와 찬미를 통해 "우리 삶이 지닌 이야기를 가장 잘 전해주는 이야기꾼은 우리가 아님을" 깨닫는 것이다. 더 나아가 그리스도교는 말한다. "우리가 예수 그리스도를 우리의 주님으로 고백할 때 우리의 삶은 이제 우리 자신만의 것이 아니다. 우리의 삶은 더는 우리의 소유가 아니다."[32] 우리가 그리스도인으로서 진실로 그리스도교가 믿는 것을 고백할 때 여기에 담긴 진리는 어떤 이론보다도 결정적인 의미를 갖는다.[33] 이는 오스트리아 철학자 비트겐슈타인Ludwig Wittgenstein의 후기 저작에서도 찾을 수 있다. 그는 "우리는 특정 단어의 의미를 물어서는 안 된다. 의미란 그 단어의 쓰임 안에 있다"고 말하며 외쳤다. "생각하지 말고 바라보라!"[34] 마찬가지로 하우어워스는 말한다.

> 윤리란 어떤 규칙이나 원리를 우선시하지 않는다. 오히려 윤리는 어떻게 하면 세계를 진실하게 볼 수 있는지, 그렇게 하기 위해서 자아가 어떻게 변혁되어야 하는지에 관심을 기울인다. 그리스도교인의 경우 이러한 관점은 내러티브가 만들어내는 교육을 통해 개발된다. 내러티브는 우리에게 타인들을 향해서만이 아니라 우리 자신을 향해 죄에 관한 언어를 쓸 수 있을지를 알려 준다.[35]

신학은 신자들의 언어 습관들을 훈련함으로써 교회에 봉사해야 한다는 하우어워스의 생각은 비트겐슈타인에게 영향을 받은 것이다. 비트겐슈타인뿐만 아니라 매킨타이어, 바르트에게 하우어워스는 우리의 손이 아닌, 정신에서 일어나고 완료되는 활동, 꼬리에 꼬리를 무는 사유를 멈추는 법을 배웠다. 이러한 맥락에서 그는 말한다.

> 기도의 언어는 돌을 깎는 것을 익히는 만큼이나
> 육체적이다.[36]

여기에 그는 실천을 할 때 하느님이 부차적인 것이 된다면 우리의 신학적인 발언은 아무런 소용도 없게 되어버린다고 덧붙인다.

그리스도교가 증언하는 하느님은 계몽주의에 젖은 이신론자의 신이 아니다.[37] 하느님께서는 예수를 통해 이 땅에 오셨다. 하느님은 그분의 뜻과 분리된 이성으로 당신을 드러내지 않으신다. 예수가 우리에게 말하듯 예수를 "따르려는 사람은 누구든지 자기를 버리고 매일 제 십자가를 지고 따라야 한다."(루가 9:23) 합리적인 변증론의 언어는 이러한 파격적이고 비합리적인 그리스도를 숨긴다. 이에 반해 하우어워스는 (브래드 칼렌버그Brad Kallenberg가 말했듯) 교회에 생명을 불어넣기 위해 이를 이성적이고 보편적인 언어에 포섭시키려는 "논증의 번역"을 거부한다. 그리고 이와 같은 거부는 (마찬가지로 칼렌버그가 말했듯) 그 자체로 하우어워스의 논증에 중요한 부분이다. 문제를 교회가 아니라 지적인 것에서 찾으려

한 시도야말로 우리를 잘못된 방향으로 이끈다고 하우어워스는 생각한다.[38] 그에 따르면 우리는 "이론적인 설명이 신앙 그 자체보다 더 참되다"는 추정의 유혹에 빠졌다.[39] 예수는 말한다.

> 너희도 이와 같이 너희의 빛을 사람들 앞에 비추어 그들이 너희의 착한 행실을 보고 하늘에 계신 아버지를 찬양하게 하여라. (마태 5:16)

그러므로 그리스도교인인 우리는 우리의 삶을 통해 논증해야 한다. 교회가 진정으로 맞닥뜨린 도전은 어떻게 하면 신앙에 회의적인 이들을 설득하느냐가 아니다. 교회가 진정으로 진지하게 고민해야 하는 것은 교회가 어떻게 해야 자신의 욕망과 뜻이 하느님께 사로잡힐 수 있는가이다. 하우어워스는 경고한다.

> 무신론은 하느님을 진정으로 섬기지 않는 교회로 파고들어온다. 교회는 매 순간, 하느님께서 예수 그리스도를 통해 세상과 화해하셨다는 사실이 우리가 함께 살아가는 삶에서, 그리고 우리가 행하는 일에서 어떠한 차이를 만들어 내고 있는

지를 자문해 보아야 한다.[40]

　　하우어워스는 자신을 "지역 교회에서 열심히 활동하는 전도자"로 소개한다.[41] 실제로 그는 자신이 가장 좋아하는 지역 멕시코 음식점인 플라잉 브리또The Flying Burrito의 주인이 교회에 나오도록 인도하기도 했다. 그는 증인이 매우 중요하다고 믿는다. 교회는 세상이 거대한 이야기의 일부임을 알려 주며 교회 없이 세상은 그 이야기를 알 수 없다.[42] 프리드리히 대제Frederick the Great가 하느님이 존재하는 것을 어떻게 알 수 있느냐고 신학자에게 묻자 그는 유대인 때문에 알 수 있다고 답했다.[43] 하우어워스는 이 답이 정확한 답변이라고 말한다.

: 성찰을 위한 질문 :

1. 당신은 그리스도교 변증에 반대하는 하우어워스의 이야기에 공

감하는가? 그렇지 않다면 그 이유는 무엇인가?

2. 하우어워스는 "증인은 논증을 하는데 필요한 조건을 만든다."

라고 말했다.44 이때 하우어워스가 말하고자 하는 바는 무엇인

가?

그리스도교인은 하느님 이야기에 신실하게 순응할 때,

비로소 개인으로서, 공동체로서,

자신이 바라는 모습의 세상이 아니라

있는 그대로의 세상을 직면할 도덕적 기술을 얻게 된다.

『교회됨』 中

03

딜레마 해결이 아닌 덕의 양성

1981년 알래스데어 매킨타이어는 대표작 『덕의 상실』After Virtue을 썼다. 이 책은 덕virtue과 성품character에 관한 아리스토텔레스 전통을 재발견했다는 평가를 받는다. 근대 윤리학은 '우리가 어떤 사람, 공동체, 국가가 되어야 하는가?'라는 질문 대신 '우리가 무엇을 해야 하는가?'라는 물음을 두고 오랜 기간 논쟁해왔다. 매킨타이어는 간편한 공식의 도움을 받아 도덕적 선택이 측정 가능하다는 근대 윤리학의 경향을 강력하게 비판한다. 이러한 이유로 그는 딜레마나 진퇴양난과 같은 상황에 기초를 둔 실용적인 윤리에 관한 가르침을 경멸했다. 예를 들어 칸트 철학의 입장에서는 이렇게 물을 것이다. '나의 윤리적 선택이 보편화되는 세계에서 살 때 나는 행복할 수 있는가?' 공리주의의 입장에서는 이렇게 물을 것이다. '불행을 최소화하여 가능한 많은 사람을 행복하게 하려면 나는 윤리적으로 어떠한 선택을 해야 하는가?' 이러한 물음을 계속하다 보면 결국 우리는 윤리적인 존재로서의 우리 자신을 묻기보다는 우리가 무엇을 해야 하는지만 묻게 된다. 즉 행위자보다 행위에 더 비중을 두게 되는 것이다. 이러한 태도는 문화나 전통, 양육, 신념, 기질, 의지뿐만 아니라 우발적인 동기를 형성하는데도 영향을 끼친다. 우리가 살펴보았듯 이러한 논리는 개신교와 로마 가톨릭의 윤리처럼 종교 전통에서 만들어진 윤리들에 기반을 둔 세계관들과의 충돌을 피해왔다. 그 결과 근대의 윤리적인 논쟁들은 끝없는 의견 충돌로 이어졌다. 공동체의 정체성, 가치, 목적을 제공해주는 전통에서 떨어져 나가면서, 딜레마를 해결할 수 있는 공동의 기반을 잃게 된 것이다. 그 결과 근대 세속 사회는 삶이란 아무런 의미가 없으며 '옳음'과 '그름'은 임의적이거나 주관적인 판단에 불과하다는 허무주의에 더욱더 빠져들었다.

고대와 중세 세계는 윤리적 삶이란 이따금 튕겨나와 우리를 당황스럽게 만드는 딜레마를 해결하는 것이 아님을 알고 있었다. 당시 윤리적인 삶이란 성품을 지속해서 빚어나가는 것이었다. 이때 핵심은 정체성이었다. 매킨타이어가 지적했 듯 당시 사람들은 먼저 '나 자신이 속한, 나 자신을 찾게 해주는 이야기는 무엇인가?'라는 물음에 답해야만 '내가 무엇을 해야 하는가?'라는 물음에 답할 수 있었다.[45] 그 사람이 무엇을 믿는지를 알기 위해서는 그/그녀가 어떻게 행동하는지를 보면 되었다. 시간이 흐르면 성품과 이야기는 하나가 되고 일치를 이룬다. 이러한 삶에서는 습관을 몸에 배게 하는 방식으로든, 제자 훈련을 통해서든, 견습생인 우리는 우리를 훈련하는 스승의 성품을 닮아간다. 이는 세속 사회에서 그리스도교인이 자신의 정체성을 찾지 못하는 이유를 말해준다. 오늘날 그리스도교인이 자신이 누구인지를 발견하는 데 실패하는 이유는 이 세상에 균열을 내기 위해 자신의 신념을 지키고 함께하는 삶을 다룬 풍요로운 이야기를 익히지 않아 이를 표현할 수 없기 때문이다.

그리스도교의 언어(삶의 신성함, 선물로서의 삶)와 공리주의의 언어(쾌락/고통, 선택의 자유)를 평가할 만한 기준이 없다는 것도 문제다. 예를 들어 정치 영역에서 그리스도교 윤리는 얼마나 효율적인 결과를 낳는지를 두고 평가받는다. 이 영역에서 그리스도교 윤리란 신학으로 위장한 인간학일 뿐이다.

이처럼 교회의 과제를 효율성과 연결하면 마더 테레사Mother Theresa는 매우 비윤리적인 여성이다. 그녀는 인도의 굶주린 이들을 위해 유럽이나 아메리카에서 모금 운동을 할 수 있는 시간에 죽어가는 한센병 환자의 손을 잡아주는 데 시간을 보냈기 때문이다. 그러나 하우어워스가 보기에 "마더 테레사는 그러한 돌봄을 통해서 하느님 나라가 온다는 것을 분명하게 알고 있었다".[46] 세속 윤리학자들이 하우어워스와 샘 웰스Sam wells가 엮어서 낸 『블랙웰 그리스도교 윤리 안내서』The blackwell's companion of Christian Ethics를 읽는다면 놀라워할 것이다. 이 책은 인종, 환경, 세계화, 전쟁, 장애인 돌봄과 같은 다양한 문제를 그리스도교 예배의 실천을 중심으로 서로 연결해 놓았기 때문이다. 하우어워스는 그리스도인이 특정 곤경을 해결하기 위해 신학을 활용하는 것을 완강하게 반대한다. 그가 보기에 그리스도교 윤리는 성품을 지닌 공동체로서 교회가 예배하고 제자도를 따를 때만 이해할 수 있다. 이러한 확신이 실천으로 나올 때 이 세계는 교회가 관심하고 말하고자 하는 것을 알게 될 것이라고 그는 여러 저작에서 반복적으로 말했다.

그리스도교와 공리주의의 교전交戰

그렇다면 그리스도교와 공리주의는 어떠한 관계를 맺고 있는가? 공리주의의 목적은 최대 다수의 최대 행복을 위해 고통을 줄이고 즐거움을 늘리는 것이다. 또한 공리주의는 무엇이 옳은지 그른지 판단하는 것은 주관적이라고 본다. 이런 맥락에서 안락사를 옹호하는 공리주의의 입장은 논리적으로 완벽해 보인다. 그렇다면 하우어워스의 신학적 윤리는 안락사와 같은 죽음의 문제에 어떻게 접근하는가? 우선 그는 의사가 아닌 평범한 사람들에게 그들이 어떻게 죽음을 맞이하고 싶은지 물어본다. 대체로 사람들은 고통스럽지 않게, 빨리, 잠든 사이에 죽고 싶다고 대답한다. 흥미로운 점은 중세 시대에 대다수 사람은 이와는 반대로 죽음을 준비하는 시간을 원했다는 것이다. 실제로 당시 쓰인 공도문에는 갑작스럽게 다가오는 위험한 순간들을 하느님께서 늦춰주시기를 간청하는 기도가 들어있다.[47] 이와 유사하게 유럽에 있는 장엄한 대성당을 보면 우리는 왜 당시 사람들이 건물을 짓기 위해 수백 년이라는 시간을 쏟아부었는지를 묻곤 한다. 당시 사람들은 하느님을 두려워했다. 그러나 우리가 두려워하는 것은 죽음이다. 하우어워스는 현대 의학이 하느님의 부재 속에서 악이라는 문제를 다른 형태로 변형시켰다고 본다. 근대 이후 인류는 악을 처리할 수 있다고 생각하고 그에 대한 책임을 갖게 되었다. 따라서 의학은 우리가 죽음에 맞서 싸우는 영역이 되었다. 하우어워스는 듀크 대학이 '우리가 아프기도 전에 병을 치료할 수 있다고 약속하면서' 2,300만 달러를 투자해 줄기세포 연구와 유전자 변형을 실험하는 게놈 연구 센터를 건립한 것을 그 구체적인 예로 든다. 그리고 그는 덧붙인다.

> 질병은 우리가 우리 자신을 통제하거나 혹은 통제할 수 있다는, 오늘날 우리에게 가장 소중한 가정에 도전한다. 질병은 인정론人正論anthoropodicy에 있어 골치 아픈 문제다.[48] 질병은 우리가 가장 소중히 여기고 우리 안에 가장 깊게 자리 잡은 믿음, 즉 인간이 사실상 신이 되었다는 신념을 뒤흔든다.[49]

> 반면 그리스도교인으로서 우리는 우리가 "우리 자신의 저자"가 되도록 창조되지 않았음을 안다. 우리는 피조물이다. 자율성autonomy이 아니라 의존성dependency이야말로 우리 삶이 지닌 특징이다.[50]

이는 그리스도교인이 모든 답을 갖고 있음을 뜻하지 않는다.

고통을 마주했을 때 그리스도교인들이 모든 고통에는 그 자체로 신학적인 의미가 있다고 설명하려 하면, 그 신학적 의미에 담긴 십자가는 우리 시야에서 사라져 버린다. 그러한 때 우리는 십자가 사건의 핵심인 십자가에 달리신 분을 보지 못하기 때문이다.[51]

존 웨슬리는 초기 감리교 신자들에게 말했다. "우리 하느님의 백성은 잘 죽을 것입니다."[52] 우리에게는 그리스도교 공동체에서 고통을 어떻게 마주하고 살아왔는지 웨슬리의 말과 같은 구체적인 사례들이 필요하다. 그리스도교 윤리는 오늘날 의료 행위가 이루어질 때 발생하는 윤리적 문제와 관련해 우리가 무엇을 놓치고 있는지를 드러낸다. 고통과 죽음을 등가 교환하려 하고, 죽음을 앞에 두고 비용만을 따질 때 우리는 여러 가치를 놓칠 수밖에 없다. 『침묵에 이름 붙이기』Naming the Silence, 『진실성과 비극』Truthfulness and Tragedy, 『고통받는 자들과 함께하기』Suffering Presence 등의 저작에서 하우어워스는 환자들을 돌보고 치료하는 사람들이 이른바 교회라고 불리는 특수한 공동체에 어떻게 의존했는지를 보여준다.[53] 물론 이를 통해 그가 말하려는 것은 공적인 의료 정책을 결정할 때 그리스도교 혹은 교회가 일정 부분을 맡아야 한다는 것이 아니다. 고통 때문에 치료를 받을 때 그 비용과 치료를 통해 얻게 되는 이익을 따지지 말자는 말도 아니다. 다만 그는 말한다. 우리가 그리스도인으로서 장애를 가진 신생아를 하느님께서 주신 선물로 받아들이고 임신한 청소년들에게 집을 제공하며 육체적으로 또는 정신적으로 장애를 가진 이들을 위해 라르쉬L'Arche 공동체와 같은 공동체를 만든다면 세상은 이를 기이하게 여길 것이다. 그러나 이러한 그리스도교적 실천만이 세상에 경종을 울린다.[54]

: 성찰을 위한 질문 :

1. 그리스도교인들은 종종 생명윤리학 법률안을 제정하기 위해 로
   비 활동을 벌이기도 한다. 하우어워스의 관점에서 본다면 이를
   옹호할 수 있는가? 옹호할 수 있다면 그들은 어떻게 로비 활동
   을 해야 하는가?

2. 그리스도교적인 실천은 세상에 저항하고 세상을 흔드는 방식으
   로 이루어져야 한다는(이를테면 안락사가 가능한 곳에서 안락사를
   반대하거나 장애아 낙태를 반대하고 어려운 임신을 택한 산모에게 재
   정적인 지원을 하는 등) 하우어워스의 의견에 동의하는가?

우리가 도둑질과 거짓말에 얼마나 깊게 연루되어 있는지

깨닫지 못하게 만드는 체제에 사로잡혀 있다는 사실을

우리는 인정하려 하지 않는다. 거짓은 진실에 기생하며,

기꺼이 진실을 말하려는 사람들에 의해서만 드러날 뿐이다.

『십계명』 中

04

—

자본주의와 소비주의에 저항하기

교회가 그리스도가 아닌 소비자를 왕이라고 생각할 때

오늘날 교회는 구매자의 의사가 지배적인 힘을 발휘하는 시장에 종속되어버렸다. 소비자는 왕이다. 소비자는 자기가 원하는 것을 손에 넣어야 한다. 복음을 어중간하게 알고 있는 사목자, 그러면서도 자기 욕구를 충족하게 만드는 경제에 파묻힌 채, 모든 것을 상품처럼 사고파는 구조에 사로잡힌 사목자는 어느 날 문득 잠에서 깨어나 현실을 깨닫고는 자신을 혐오하게 된다. … 우리는 공허한 사람들에게 베풀어 줄 것은 그들의 삶을 조금이나마 덜 비참하게 만들어 주는 일

외에는 아무것도 없다고 생각하는 문화적 감상주의에 빠져

있다.[55]

오늘날 교회의 진짜 적은 무신론이 아니라 친절함이다. 교회
는 교인들이 두려워서 교회에 적이 있더라도 이를 설교하지
못한다. 또한 교회는 너무 소심해서 교회를 스쳐 가는 현대
의 외로운 소비자들을 향해 교회 구성원이 되는 것은 훈련된
공동체의 일원이 되는 것이며 이 세상에 대해서는 낯선 이방
인이 되는 것이라고 선포하지 못한다.[56]

하우어워스는 경영학을 활용한 교회 성장 전략들을 강력
하게 비판한다. 이 이론들은 출석 교인 수Attendance, 교회 건
물Buildings, 재정Cash이라는 교회 성장 전략의 ABC를 성취하
기 위해 하느님의 존재를 부차적인 것으로 만들어버린다. 이
른바 구도자 중심의 교회들seeker-friendly churches은 자신들의 궁
극적인 목표가 무엇인지 점검해 봐야 한다.* "칼 바르트는 나
치를 상대했다. 그런데 우리가 한 일이란 고작 윌로우 크릭

---

* 비신자를 배려하여 기존의 예배형식이나 교회의 프로그램들을 간략
하게 축소하거나 변형한 교회를 말한다. 윌로우 크릭 교회는 그 대표
적인 예다.

교회다.” 하우어워스는 절규하듯 말을 이어간다. “빌 하이벨스Bill Hybels(윌로우 크릭 교회 담임 목사)는 교회에서 십자가를 없앴다. 그의 말을 따르면 복음을 따르는 길에서 교회는 이미 십자가를 얻었으며 그 십자가는 우리에게 쉼을 허락하기 때문이다.”[57] 하우어워스와 윌리몬William Willimon은 이러한 태도를 비판하며 사목자들을 향해 교회를 물질 만능주의에 지친 소비자들을 위로하는 곳으로 사용하려는 유혹에 저항하라고 외친다.

영어로 번역된 프랑스 소설을 읽는다고 프랑스어를 배울 수는 없는 것처럼, “하느님은 당신의 CEO입니다”와 같은 미국식 자본주의 마케팅과 관련된 용어, “당신과 내가 좋으면 그걸로 충분합니다”와 같이 자존감을 세워주는 언어로 번역된 복음을 듣는다고 복음을 알 수는 없다.[58]

시장의 구조에 익숙한 소비자들은 교회 생활도 상품처럼 대하며 그 결과 자신들이 죄인이었을 때 그들을 택하신 하느님의 은총을 감지하는 데는 실패한다. 그러나 교회는 거대한 쇼핑몰에 있는 한 상점이 아니다.

교회가 로터리 클럽(1905년에 창설된 실업가들과 전문직업인들의 사회봉사단체)이 될 때 교회는 사라질 것이다. 로터리 클럽은 일주일에 한 번 편한 시간에 봉사 활동 잠깐 하고 서로 밥 한 끼 하면 그것으로 족하기 때문이다.[59]

하우어워스는 교회 지도자들에게 교회의 진정한 소명이 무엇인지를 알려 주는 평신도들의 실천 사례를 소개한다. 글래디스 2세Gladys II는 자신이 다니는 교회 청소년 담당 사역자가 '공동체 세우기'라는 명목으로 청소년들을 데리고 디즈니랜드에 방문한 뒤 작성한 열정 넘치는 보고서에 이의를 제기했다. 그녀는 제멋대로이고 특권을 지닌 부유한 아이들을 디즈니랜드에 데리고 가서 나흘 동안 한 일은 자본주의에 찌든 공간에서 뛰놀며 자신들의 모든 악한 성향을 발산한 게다가 아니냐고 물었다.[60,61] 성직자들은 녹초가 되기 전에 힘을 비축해야 한다. 그리고 성도들의 삶과 갈망이 하느님을 향하게끔 자신의 일과를 조정해야 한다. 『나그네 된 백성이 사는 곳』Where Resident Aliens Live에서 하우어워스와 윌리몬은 말한다.

교회와 세상 사이의 구분은 우리 한 사람 한 사람의 영혼을
통해서 만들어지며 모든 그리스도인이 함께하는 회중이라
는 통로를 거쳐야만 온당하게 이루어진다.[62]

우리는 우리가 알고 고백하는 것보다 훨씬 더 우리 자신
과 화해하지 못했다.[63] 우리는 자율성을 추구하며 자유롭게
선택하기를 바라고 늘 안전하기를 바란다. 여기에 복음은 우
리의 삶이 우리의 것이 아니라고 말한다. 복음은 우리의 삶
이 하느님께서 주신 선물이며 자기 목숨을 부지하려는 노
력은 오히려 목숨을 잃게 한다고, 죽고자 할 때 산다고 말한
다.(1고린 6:19, 마태 10:39)

여전히, 우리네 삶은 분주하기 그지없고 습관은 온갖 법
과 의무에 매여 있다. 그리고 우리가 드리는 기도는 우리 자
신에게만 함몰되어 있다. 우리는 거류민이 아닌 평범한 시민
으로 살아간다.

안타깝게도 미국 주류 개신교인들은 복음을 무언가 자명하
고 분명한 것, 친절한 것으로 만들려 노력한다. 세상이 이미
그리스도교인들을 그리스도와 함께 죽고 부활하는 것과는
무관한 사람들로 여기고 있음에도 말이다.[64]

가시적인 교회는 성품의 공동체다. 이 공동체를 통해 하느님께서는 삶과 정치가 밀접하게 연관된 교회적 현실 속에서 당신을 신뢰하는 백성을 거룩하게 만들어 나가신다. 하우어워스와 윌리몬은 사도행전 5장에서 루가가 처음 사용한 '교회'라는 단어에 주목할 것을 독자들에게 요청한다. 5장에서 이 단어는 아나니아와 삽피라에 대한 판결 이야기가 마무리되는 시점에 등장한다.

> "온 교회는 물론이고 다른 사람들도 이 말을 듣고는 모두 몹시 두려워하였다."(사도 5:11) 몹시 두려워한다는 말에 주목하라. 하느님의 손안에 놓인다는 것은 두려운 일이다. 교회는 단순히 좋은 만남이나 사귐이 이루어지는 곳이 아니다. 교회는 우리 삶과 죽음의 문제가 걸려 있는 곳이다. 이는 실로 두려운 일이다.[65]

왜 예배는 소비주의를 반대하는가?

하우어워스는 우리에게 진실로 삶을 하나의 신앙 고백으로 바라보라고 충고한다.

아우구스티누스가 제공하는 풍부한 신학적인 원천을 보지

못한 현대 사역자들은 자신들과 함께하는 신도들이 시장에서 일어나는 잡다한 욕망에 잠식당하는 것을 방치할 위험이 있다. 우리 자신의 자유의지는 우리가 욕망하는 대로 생각하게 한다는 것을, 그리하여 그 욕망에 잠식당하는 것이 어떠한 결과를 낳는지에 관해 아우구스티누스보다 더 잘 가르쳐 준 사람이 있는가?[66]

아우구스티누스는 물질 만능주의가 쉼 없이 소비자들의 욕망을 자극하되 결코 그 욕망을 충족시킬 수는 없음을, 그들을 안식하게 할 수 없음을 지적한다. 소비주의는 언젠가 그 욕망을 충족할 수 있다고 유혹하고 사람들은 이 유혹에 이끌려 온갖 재화를 소유하지만 만족하지 못한 채 채울 수 없는 욕망을 채우기 위해 소비를 이어간다. 이렇게 소비자들은 욕망 그 자체를 소비한다. 이와 달리 성찬례에서 빵을 나누어 받을 때 한 사람 한 사람의 신도는 "내가 바로 생명의 빵이다. 나에게 오는 사람은 결코 배고프지 않고 나를 믿는 사람은 결코 목마르지 않을 것이다"(요한 6:35)라는 예수 그리스도의 말씀을 들으며 그의 몸으로 이끌려 들어간다. 안식 없는 욕망에 휩싸였던 아우구스티누스는 교회를 통해 거룩하신 하느님 앞에 자신을 정직하게 고백하는 삶을 살아야 함을 배

윘다. 그리고 그렇게 함으로써 그는 안식처를 발견했다.

우리의 들끓는 욕망과 이 욕망을 중심으로 이루어지는 소비주의적 '선택'을 막을 수 있는 것은 꾸준한 기도와 예배의 훈련, 하느님께서 주신 선물을 주고받는 것뿐이다. 휴스턴 침례교 대학 경영대학원이 하우어워스에게 '어떻게 하면 좀 더 윤리적일 수 있는가?'라는 주제의 강연을 요청하자 그는 그런 이야기를 하기에는 너무 늦었다고 답했다. 강연에 참석하는 학생들이 교회의 구성원이 되기 위해 공개적으로 자신의 수입을 밝혀야 하는 교회에서 자랐다면 그들은 이미 그리스도인의 일상적 삶에 스며있는 힘을 배웠을 것이다. 그리스도교인은 서로에게 낯선 이방인 되기를 거부한 이들이고 진실한 내러티브로 자신의 정체성을 형성한 이들이기 때문이다. 하우어워스는 자신이 다니는 교회의 구성원 중에서 자신보다 가난한 이들이 대학 정교수인 그가 얼마나 돈을 버는지 궁금해한다는 사실을 알고 있었다. 비록 이것이 현실적이지는 않더라도 초대교회가 그랬듯 이러한 삶이 곧 '교회'에서 이루어져야 할 삶이라면 우리는 영적인 문제란 곧 구체적이고 실질적인 문제임을 알게 될 것이라고 그는 말했다.

우리는 십계명을 하나의 경고로서 받아들여야 할지 모른다. 혼자서는 이 명령 중 그 어떤 것도 지키려 하지 말라.[67]

나는 도덕적인 삶과 관련해 어떤 식으로든 나 자신을 믿지 않는다. 그러나 내가 나와 같은 신념을 지닌 이들과 함께한다면 이는 한결 도덕적인 삶을 살 좋은 기회를 얻은 것이라 할 수 있다. 한 사람이 자신을 벗어나 전혀 다른 삶으로 초대받기 위해서 우리는 서로를 필요로 한다.[68]

하우어워스가 사우스캐롤라이나 주 패리스 섬에 있는 해병대 훈련 캠프를 지역 교회와 비교하는 이야기를 들으면 독자들은 이상하게 생각할지도 모른다. 그러나 평화주의 신념을 지녔음에도 불구하고 그는 군대가 그들이 봉사하는 시민보다 더 규율이 잡혀 있으며 덕을 지닌 것처럼 보인다고 생각한다. "신병들은 집단의 정체성을 지니도록 훈련받는다. 그들은 새로운 언어를 배우며 기술을 익히면서 자신들의 이전 생활 방식에 어떠한 문제가 있었는지를 깨닫는다."[69] 그들은 "자기 만족을 추구하는 문화에서 벗어나 자기를 훈련하는 문화로 들어간다." 이런 그들이 일반 시민의 생활로 돌아가기란 어렵다.[70] 이와 유사하게 하우어워스는 아버지에게 벽돌 쌓는 법을 몸으로 배웠다. 둘 다 자기를 훈련하는 과정이라는 점에서 일치한다. 하우어워스는 아버지의 장례식 설교를 했는데, 당시 그는 아버지 하우어워스Coffee Hauerwas의 몸에 밴 온유함을 기술 연마와 연결지었다.

아버지의 순전한 온유함은 한 가지 기술로 삶을 연마한 사람에게 주어지는 미적 감각에서 나왔습니다. 아버지는 잔인해질 수 없었던 것처럼, 벽돌을 대충 쌓을 수 없었습니다.[71]

하우어워스는 여섯 살 때부터 아버지가 일하는 것을 보았다. 시간이 흘러 열일곱 살이 되었을 때 그는 아버지에게 벽돌 기술—돌을 깎는 법, 망치를 사용하는 법, 회반죽을 만드는 법, 벽돌을 쌓는 법—을 본격적으로 배웠다. 수년이 지난 후 아리스토텔레스의 저작을 읽으면서 그는 윤리적 삶이란 도제 관계, 일정한 견습 기간을 거쳐 제자가 스승에게 기술을 배우고 훈련받는 과정과 같다고 생각하게 되었다. 그는 자신의 출신을 상기하기 위해 연구실 벽에 아버지가 쓰던 연장을 걸어두었다. 패스트푸드의 시대, 간편한 해결 방법이

난무하는 이 시대에 그리스도교인들은 고전적인 세계에서 행한, 제자들을 훈련한 방식과 그 가치를 잊어버리거나 무시하기 쉽다.

숙련공이 되기 위한 기술 연마, 견습 과정을 통해 얻은 통찰은 플레전트마운드 감리교회에서 진행하는 경건 훈련 과정과 함께 그에게 교회에서 구성원들이 가져야 할 책임, 죄의 고백, 역할 모델이 지닌 필요성을 일깨웠다. 또한 그는 교회에서 이루어지는 예배와 봉사가 어떻게 우리를 거룩하게 만드는지를 배웠다.

현실에서는 많은 이가 교회에서 겉돈다. 소비사회에서 익명의 소비자로 살아가는 습관이 밴 사람들은 공동체에서도 침묵을 지키거나 익명으로 남기를 바란다. 근대적 자아는 외로운 개인이다. 그들은 이방인으로 교회에 들어왔다가 나간다. 이는 매우 현실적인 문제이며 이들이 교회의 구성원으로 거듭나기 위해서는 고통스러운 과정을 거쳐야 한다. 그럼에도 하우어워스는 말한다.

교회는 … 제자가 되는 데 어떠한 희생이 따르는지를 알고 기꺼이 그것을 지불하려는 사람들로 이루어진, 가시적인 몸을 세우는 공동체다.[72]

그들은 모두 믿음으로 살다가 죽었습니다. 약속받은 것을 얻
지는 못했으나 그것을 멀리서 바라보고 기뻐했으며 이 지상
에서는 자기들이 타향 사람이며 나그네에 불과하다는 것을
인정했습니다. 그들이 이렇게 생각한 것은 그들이 찾고 있던
고향이 따로 있었다는 것을 분명히 드러내는 것입니다.

(히브 11:13-14)

하우어워스가 다룬 주제 중 가장 논란이 되는 것은 '오직
성서'Sola Scriptura에 관한 논의다.[73] 그는 북미 그리스도교인들
이 윤리적이고 영적인 차원에서 갱신되지 않고서도 자기 스
스로 성서를 읽을 수 있다는 믿음을 갖도록 훈련받기 때문에
'오직 성서'라는 원리를 고집하면 할수록 이단이 되어간다고
질타한다.[74] 오늘날 북미 그리스도교인들은 교회와 국가, 그
리스도교적 가치와 샘 아저씨Uncle Sam의 가치, 하느님의 축
복과 아메리칸 드림이 지닌 개인주의를 분간하지 못한다. 그
렇기에 설교는 매우 중요하다. 설교를 통해 우리는 우리의
꿈과 말하는 습관을 조정할 수 있게 되고 복음 안에 진실하
게 머무를 수 있기 때문이다. '우리가 보는 대로' 성서를 읽으

면 예수의 종말론적인 메시지는 우리의 시야에서 가려지고 우리 삶은 변화될 수 없게 된다. 성서를 그저 '상식' 수준에서 읽으면 자기를 만족하게 하는 방식으로 읽을 수밖에 없고 우리 삶은 우리를 편안케 하는 물질주의에서 한 걸음도 나아갈 수 없게 된다. "성서를 읽고 설교하는 행위는 심원한 윤리적 행위다."[75] 교부 아타나시우스*Athanasius*는 말한다.

누구든지 성서를 기록한 저자들의 정신을 진실로 이해하고자 한다면, 하느님께서 그 저자들에게 드러내신 바를 이해하고자 한다면 먼저 자신의 삶을 깨끗이 비워야 한다.[76]

인간에게는 자신을 기만하려는 경향이 있기에 "자신이 죄인임을 깨닫는 것은 일정한 윤리적 성취"라고 하우어워스는 생각한다.[77] 종교개혁자들은 "성서가 교회를 검증하는 기능을 한다고 올바르게 보았다".[78] 종교개혁자들이 했던 것처럼 그는 교회가 역사-비평적 방법을 갖고 윤리적이고 사목적인 소리를 억압하는 신학 엘리트들에게서 성서를 되찾아 와야 한다고 말한다.

신학이 그리스도교적인지 아닌지를 가리는 진정한 척도는

바로 설교자다.[79]

개신교가 개인주의에 함몰될 때, 개신교인들은 교회의 제자
도와 훈련을 통해 성령 하느님께서 성서에 담긴 이야기와 읽
는 이의 이야기를 만들어 나가신다는 것을 간과하게 된다.
교회 지도자들과 회중들이 텍스트에 젖어들고 그럼으로써
텍스트와 해석이 연결되는 훈련 과정이 없다면 복음에 담긴
메시지는 부식될 것이다.

1. "예배를 드릴 때 우리는 옳은 방향을 찾는 데에만 급급하다."[80] 현대 사회에서 소비자와 시민이 된다는 것은 우리의 예배에 어떤 영향을 주는가? 그리스도교 예배는 소비자이자 시민인 우리에게 어떤 영향을 주는가?

2. 하우어워스는 교회를 이끌어가는 중산층 복음주의자들이 사회 최하층에게 정의를 행하는 것보다는 '교회됨'에 더 집중해야 한다고 강조한다.[81] 이러한 주장은 온당한가?

3. 그리스도교인들이 교회에서 훈련을 받지 않는다면 '오직 성서'라는 믿음을 이단화시킬 위험이 있다는 하우어워스의 주장에 대해 당신은 어떻게 생각하는가? 당신이 속한 교회는 어떤 전제(정치, 윤리, 교리, 문화)를 갖고 성서를 해석하려는 경향이 있는가? 이러한 문제를 극복하기 위해서는 어떠한 훈련이 필요하다고 생각하는가?

콘스탄티누스는 로마 제국이 굴러가게 하기 위해서,

이제는 종래의 이교 신앙을 신봉하지 않게 된 백성을

제국의 그리스도교인으로 만들 필요가 있다는 사실을 알았다.

사람들이 무엇인가를 믿지 않는다면

세상을 경영하는 일은 불가능하다.

신앙을 당시의 권력자들이 신뢰할 수 있는 것으로 만들고,

그 결과 그리스도교인들이 그 권력에서 한 몫을 차지하게 만드는

콘스탄티누스식 사업에 우리 시대 최고 지성인들도

이름을 올리고 있다.

『하느님의 나그네 된 백성』 中

05

—

콘스탄티누스의 유혹

콘스탄티누스주의에 물든 사고방식은 깨뜨리기 쉽지 않다. 그런 사고에 젖어 있는 그리스도교인들은 윤리적인 입장을 판단하는 데 그리스도교 고유의 전통에 일치하는지를 기준으로 삼지 않고 그리스도교 윤리를 카이사르가 얼마나 거리낌 없이 받아들일 수 있는지를 잣대로 삼는다. 이러한 경향은 … 철저하게 세속적인 기준에 맞추어 그리스도교 윤리를 걸러냄으로써 그리스도교 윤리를 희석한다. 이렇게 해서 세상은 그리스도교 윤리를 보편적으로 적용될 수 있는 일반 상식으로서 받아들이고 그 윤리를 흡수한다. 이 얼마나 무미건조하고 불신앙적인 일인가...[82]

그리스도교는 AD 313년 콘스탄티누스가 밀라노 칙령을 선포한 것을 기점으로 박해받는 종파에서 제국의 공식 종교로 이행했다. 십자가 처형 앞에서도 신실한 제자로 남으려 했던 신약 시대의 교회들은 당대 문화에 오롯하게 저항했다. 그러다 콘스탄티누스 시대에 와서 황제의 승인을 받게 되자 교회는 황제의 통치와 함께 영향력을 행사할 수 있게 되었다. 공식 종교가 된 그리스도교는 사회를 변혁할 힘을 갖게 되었음에 기뻐했다. 그러나 그러한 승리 가운데 그리스도교는 이 세상에서 자신이 지니고 있던 정체성을 잃어버렸다. 그리스도교는 세속 사회에 포섭되었다. 하우어워스는 말한다.

> 그리스도교는 제국을 유지하기 위해 필요한 에토스$_{ethos}$를 제공하는 세련된 종교가 되었다.[83]

이러한 면에서 콘스탄티누스주의의 유혹은 문화를 거스르려는 유혹이라기보다는 문화를 변혁하려는 유혹이라 할 수 있다. 교회는 미국에서 상당한 영향력을 행사했는데 20세기 미국 그리스도교 사회 윤리의 역사에 나오는 공공 신학자들의 면면을 보면 그리 놀라운 일은 아니다. 월터 라우센부

쉬Walter Rauschenbusch의 사회 복음(이는 마르틴 루터 킹 목사의 사상
에 영향을 미쳤다)은 교회가 이 땅에 하느님 나라의 가치를 실
현하는 방식으로 미국을 변혁할 수 있다는 낙관론을 유지했
다. 버락 오바마 대통령이 가장 좋아하는 철학자인 라인홀드
니버Reinhold Niebuhr의 '그리스도교 현실주의'Christian realism는 이
타락한 세상에서 핵무기를 필요악으로 보게끔 하는 실용적
인 접근을 취했다.[84] 라인홀드 니버가 살았던 시기에는 파시
즘과 공산주의의 손아귀에서 수많은 사람이 죽음을 맞이했
다. 이러한 상황에서 니버는 힘으로 누르지 않으면 안 되는
악을 보았고 그리스도인으로서 더 큰 선을 위해 어느 정도
폭력은 용인해야 한다고 생각했다.

하우어워스는 이러한 신학자들을 강한 어조로 비판하면
서 미국 교회의 위치는 히틀러의 지배 아래 있던 독일 그리
스도교인들과 크게 다르지 않다고 말한다. "먼저 정신을 바
짝 차려라. 판단은 그다음에 하라"는 하우어워스의 조언과
진단에는 과장이 섞여 있지만 그는 그렇게 말함으로써 "오직
그리스도의 소유물"인 교회가 국가와 편안하게 동맹을 맺는
것이 얼마나 독성을 품고 있는 행동인지를 보여주려 했다.[85]
그리스도교인은 그리스도의 몸인 교회의 구성원으로서의
정체성을 국가에 충성하는 시민으로서의 정체성보다 중시

해야 한다. 이것이 설사 무정부주의적인 발언처럼 다가온다 할지라도 말이다. 예를 들어 레이건 정부 시절 미국이 리비아를 폭격한 사태를 두고 하우어워스는 그리스도교적인 대응으로 '복음의 씨를 뿌리기에 좋은 그 땅'에 교단을 통하여 1,000명의 선교사를 보내야 한다고 제안했다. 그러면서 그는 교회가 한때는 그렇게 했지만, 이제는 그런 중요한 일을 할 수 있는 사람들을 키우지 않는다고 반성하였다.[86] 그는 미국 교회에서 애국주의와 그리스도교를 결합하는 행위, 이를테면 7월 4일 교회에서 미국의 독립 기념행사를 엄숙하게 치르는 것, 성스러운 곳에 미국 국기가 펄럭이는 것, 국가의 전쟁을 지지하는 노란 리본(미국에서는 참전한 병사를 기다리는 마음으로 나무에 노란 리본을 단다)을 다는 것을 강도 높게 비판한다.[87]

물론 그는 대다수 미국인이 선하고 예의 바르며 열심히 일하는 사람들임을 믿는다. 다만 그가 문제 삼고자 하는 것은 미국 신학자들과 교회가 시민 종교civil religion의 자리에 머무르려 한다는 것이다.[88] 미국을 그리스도교화 하려 한 신학자와 교회의 시도는 교회를 미국화하는 결과를 낳았다. 하우어워스는 바울로에 관해 말한다.

바울로는 세상이 제자도에 대해 적대적이고 냉담하다는 사실을 확인하기 위해 따로 애쓸 필요가 없었다. 그 자신이 "사슬에 매여" 있는 상태에서 편지를 썼다. 세상은 그리스도교 신앙의 전복적인 성격을 알아채고는 그를 감옥에 가두었다. 우리가 사는 세상도 그리스도교 신앙이 지닌 전복적인 성격을 잘 알고 있다. 그래서 세상은 우리를 무시하거나 우리가 종교를 개인적인 선택의 문제로 인정한다는 조건을 달아 우리에게 종교 활동의 자유를 줌으로써 우리를 무력하게 만들어 버린다. 세상이 복음과 전쟁을 치르는 방식은 너무나 미묘해 우리는 전쟁이 끝날 때까지도 우리가 패배했다는 사실을 감지하지 못할 때가 많다.[89]

많은 사람이 교회가 공적인 삶에서 소외되고 있으며 일요일에 교회에 참석하는 사회 관습도 옅어져 가고 있다는 사실에 애통한다. 뉴스위크지Newsweek가 하우어워스에게 이와 같은 "미국에서 주류 개신교 인구의 감소"에 대해 논평해달라고 요청하자 그는 답했다.

우리 시대에 하느님께서 우리를 깎아내기 위해 무엇을 하시는지 누가 알겠는가? 그리스도교가 사회에서 권력을 잃고

입지가 좁아질수록 교인들이 교회가 정말 어떤 의미를 갖는지 고민할 수 있게 된다는 점, 그리하여 교회가 회복할 수 있는 계기라는 점에서 나는 매우 긍정적으로 생각한다.

왜 하우어워스의 이야기가 미국보다는 유럽에서 더 잘 이해되느냐는 물음에 관련해서 그는 "영국에 있는 교회(를 포함한 유럽 교회들)가 더는 자신들이 국민들을 관할하고 있다고 착각하지 않기 때문"이라고 답한다.[90] 그는 영국 교회를 향해 미국 메노나이트 형제단 신학교 강연에서 했던 것과 같은 내용을 전하고픈 건지도 모르겠다.

이제 여러분은 잃을 게 없습니다. 그러므로 여러분은 여러분이 이미 갖고 있는 것, 여러분이 물려받은 유산을 신뢰해야 합니다. 여러분이 신뢰해야 하는 유산은 복음을 충실하게 믿은 전통을 말합니다. … 여러분에게 놓인 과제는 진정한 교회가 되는 것, 예수가 죽은 자로부터 일으켜지지 않았다면 우리 존재 전부를 이해할 수 없음을 아는 교회가 되는 것입니다.

비폭력은 예수를 주님으로 받아들인 후 한 번쯤 고려해 볼 만한 사안이 아니다. 예수를 주님으로 받아들이면 받아들일 수밖에 없는 것이 비폭력이다.[91]

종말론이 예수의 윤리적인 가르침에서 핵심 기초가 된다는 사실을 성서가 증명하는데도, 자유주의자들이 언제나 종말론이 윤리적 행동을 파괴한다고 주장한다는 것은 참으로 기이한 일이다.[92]

많은 독자는 하우어워스가 왜 자신이 전개하는 논의의 중심에 평화주의를 두는지 의아해한다. 그는 잡지 「퍼스트씽스」First Things의 편집위원이었는데 잡지가 이라크 전쟁을 지지하자 편집위원직을 내려놓으며 말했다. "저는 평화주의자입니다." 그는 사람들이 비폭력이라는 주제에 대해 고민조차 하지 않으려는 모습에 우려를 표한다.

사람들이 그렇게 하는 이유는 너무나 많은 미국 그리스도교인이 예수를 만난다고 해서 자신의 삶에 별다른 변화가 없으

며 삶에 변화를 일으키지 않고서도 여전히 자신이 예수와 관
계 맺을 수 있다고 생각하기 때문이다.[93]

메노나이트 신학자 존 하워드 요더, 특히 그가 쓴『예수
의 정치학』Politics of Jesus(1972)을 통해서 하우어워스는 "그리
스도교의 비폭력성은 십자가에 달리신 하느님을 예배한다
는 핵심 의미에서 도출된다"고 확신했다.[94] 폭력과 강압을
통해 실현되는 세상의 정의와 반대로 그리스도는 십자가의
길을 택하셨다. 그리고 그의 부활은 그리스도인들에게 희
망을 주었고 '비극에 직면할 때도 인내할 수 있는' 평화로움
을 주었다. 또한 십자가와 부활 사건을 통해 그리스도교인들
은 "결국에는 선하신 하느님께서 악을 지배할 것"이라 보았
다.[95] 죄로 물든 세상을 변혁하기 위해 세속적인 방법을 취
할 때 그리스도교인들은 예수가 가졌던 종말론을 거세해 버
린 채 예수의 윤리만을 원하게 된다. 결과적으로, 그러한 삶
은 상대방에 대한 신뢰를 바탕으로 이루어지는 결혼, 불안한
미래가 보이는 가운데에도 아이를 갖는 삶, 자율성과 생산성
을 최고의 가치로 여기는 세상을 살아가는 와중에도 장애인
과 노인을 돌보는 삶이 지닌 참된 의미를 잃어버린다. '종말
론적이며 메시아적인 공동체'로서 교회는 세상이 하지 않는,

세상이 따라 하지 않는 구조를 갖춘 무언가를 알고 있다. 이러한 교회는 눈을 열어 하느님께서 이 세상에 무엇을 하시는지를 본다.[96] 히로시마에 핵폭탄을 떨어뜨린 후 트루먼 대통령은 "이날은 역사상 가장 위대한 날이다"라고 말했다. 이에 하우어워스는 대꾸했다. "아니다! 역사상 가장 위대한 날은 성금요일이다."

그는 평화주의pacifism라는 용어를 그다지 선호하지는 않는다고 고백한다. 이 표현이 "빌어먹을 정도로 수동적"인 뉘앙스를 풍기기 때문이다. 평화주의를 익히기 위해서는 훈련을 받아야 한다. 이를테면 평화주의자는 "당신에게 아무것도 기대하지 않는다면 저는 비폭력적인 삶을 이끄는 힘이 저와 함께한다고 믿을 수 없습니다. 제가 아는 것을 신뢰하도록 당신께서 저를 지켜주심을 알기에 저는 평화를 소망할 수 있습니다"라고 기도해야 한다. 그는 현실적으로 폭력으로 가득 찬 이 세계에 대안으로써 인내를 받아들일 때는 값비싼 대가를 치를 수밖에 없음을 안다.[97] 독일 고백 교회는 나치즘과 같은 세력과 마주했을 때 그리스도교인들이 고난을 받을 수밖에 없음을 보여주었다. 이와 비슷한 맥락에서 그는 묻는다. "흑인 교회들이 인내하지 않았다면 어떻게 시민권 운동이 일어날 수 있었겠는가?"[98] 지금도 십자가는 우리가 가야 할 평화의 길을 일깨운다.

> 십자가의 길은 효과적이기 때문에 걷는 길이 아니다. 우리가
> 이 길을 걸어야 하는 이유는 단순하다. 그 길이 참이기 때문
> 이다.[99]

분명히 이러한 길은 정책입안자들의 검열을 통과하지 못
한다. 그러나 하우어워스는 말한다.

> 나는 외교 정책을 펼칠 생각이 없다. 내게는 이 세상이 제시
> 하는 것보다 나은 어떤 것이 있다. 교회는 사람을 죽이기보
> 다는 차라리 자신이 죽는 길을 택하는 사람들로 이루어진 공
> 동체다. 우리는 적을 사랑하는 일이 가능하다고 믿는다. 그
> 렇지 않다면 우리는 예수는 메시아가 아니라고 분명히 말해
> 야 한다.[100]

성 토마스 대학 신학과 교수인 제라드 쉴라바흐Gerald
Schlabach에 따르면, "예수는 하느님 나라가 이 땅에 임하기를
간절히 바랐다. 그러나 그는 종말이 이르기 전에 폭력을 사
용하여 하느님 나라를 이루고자 하는, 죄로 얼룩진 수고와

노력을 감당하는 것은 거부했다. 우리는 추방당한 공동체로 살아가는 데 만족하지 않고 진정한 그리스도교 사회를 국가에 밀어 넣는 방식으로 만들려 한다. 하지만 그 결과 우리는 진정한 그리스도교 사회 건설을 등한시하게 되었다".[101] 하우어워스는 하느님의 종말론을 향해 자신의 윤리학을 굳건하게 붙든다. 요더가 말했듯 "십자가를 짊어진 사람들은 우주의 결을 따라* 활동하기 때문이다".[102]

---

* "우주의 결을 따라"with the Grain of the Universe라는 표현은 하워드 요더가 '군비 확충과 종말론'이라는 에세이에서 처음 쓴 표현이고 하우어워스는 2000-1년 기포드 강연의 강연자로 나섰을 때 이를 강연 제목으로 삼았다. 이 표현은 예수의 죽음과 부활이 모든 것을 결정한다는, 단순한 역사적인 의미 뿐이 아니라 우주적인 성격을 지니고 있음을 가리킨다.

: 성찰을 위한 질문 :

1. 평화주의자가 되지 않고도 예수의 산상수훈을 진지하게 받아들일 수 있다고 생각하는가?

2. 정의와 평화를 구현함에 있어서 정부 밖에서 대항문화를 지향하는 그리스도교 평화주의자뿐 아니라 정부에서 일하는 그리스도교 현실주의자 혹은 실용주의자도 필요하다고 생각하는가?[103]

3. 예수가 강조한 종말론은 국가의 폭력 사용에 대해 교회가 취해야 할 태도에 어떤 시사점을 주는가?

4. 하우어워스는 병든 미국 교회를 신학적으로 비판했다. 그렇다면 그의 신학적 분석이 다른 상황에 있는 교회에는 어떤 식으로 적용될 수 있겠는가?

이 책은 하우어워스의 전체 사상을 간략하게나마 소개하려 했다. 그는 말한다.

신학이라면 우리가 기도할 수 있도록 끝까지 도와야 한다. 그렇지 않다면 그 신학은 그리스도교적이라 할 수 없다.[104]

우리가 맺은 열매로 우리를 알리려 한다면 하느님께 드리는 예배가 우리 모든 행위에서 가장 중요한 습관으로 자리매김해야 한다. 그리고 이를 따라 우리의 열정과 의지가 새로이 거듭나야 한다. 궁극적으로 하우어워스의 신학은 다양한

방식으로 확장할 수 있다. 그의 내러티브 신학은 신학 자체
보다, 교회에서 살아 숨 쉬며 끊임없이 등장하는 증인들을
가리킨다. 교회는 교회의 주인인 예수 그리스도의 살아있는
몸이다. 하우어워스는 강조한다.

우리는 정기적으로 모여야 한다. 하느님이 없는 것처럼 살아
가는 세상에서 하느님을 말하고 예배해야 한다. 서로 낯선
이방인으로 살아가라고 부추기는 세상에서 우리는 서로를
사랑하는 형제와 자매로 여겨야 한다. 원하는 것은 무엇이
든 얻을 수 있고 뜻하는 것은 무엇이든 할 수 있다 말하는 세
상에서 우리는 우리의 노력으로는 얻을 수 없는 것을 달라고
하느님께 기도해야 한다. 세상 가운데 우리가 주일 아침마다
모여 하는 일은 삶과 죽음을 결정짓는 일이다.[105]

전능하신 주님. 우리는 당신을 섬기기 원한다고 말합니다.
우리는 우리보다 불행한 다른 이들을 돕기 원한다고 말합니
다. 우리는 정의를 원한다고 말합니다. 그러나 사실 우리는
힘을 추구하고, 높은 지위를 갈망합니다. 다른 사람에게 사
랑받으려고 온 힘을 다해 애씁니다. 주님. 우리가 자기 집착
에서 벗어나게 하시고, 자기 집착으로부터 나오는 모든 불안

한 행위에서 자유롭게 하소서. 당신의 사랑을 받음으로써 우
리가 원한다 말했던 존재가 되게 하시고, 자신의 유익을 구
하지 않는 사랑으로 이웃을 섬기게 하소서. 아멘.[106]

1 하우어워스를 간단히 소개한 글들은 다음 사이트를 참고하라.
http://www.time.com/time/magazine/article/0,9171,1000859,00.html,
http://stanleyhauerwas.blogspot.com, http://people.bu.edu/wwildman/bce/
hauerwas.htm

2 http://www.emergentvillage.com/podcast/stanley-hauerwas-on-theology

3 하우어워스의 책 『성서를 풀어 놓으라』*Unleashing Scripture* (Nashville, TN:
Abingdon Press,1993) 뒷면에 나온 제임스 맥클렌던J W McClendon Jnr의 논평
에서 인용했다. 하우어워스의 기도에 대한 생각은 다음의 유튜브 동영
상 'Hauerwas on Prayer 2008'을 참고하라. https://www.youtube.com/
watch?gl=GB&hl=en-GB&v=gYRk3uPVhvY&feature=related

4 Stanley Hauerwas and W. Willimon, *Resident Aliens* (Nashville, TN: Abingdon Press,
1989), p. 170. 『하나님의 나그네 된 백성』(복 있는 사람 역간)

5 http://www.renovatuscommunity.com/files/2008_06_29_follow_hauerwas.
mp3

6 Stanley Hauerwas, *With the Grain of the Universe* (London: SCM, 2002), p.85.

7 Interview with Michael Quirk in *Crosscurrents* : http://www.crosscurrents.org/
Hauerwasspring2002.htm

8 매킨타이어의 대표적인 저작으로는 *After Virtue* (1981) 『덕의 상실』(문예출
판사 역간), *Whose Justice? Which Rationality?* (1988), *Three Rival Accounts of Moral*

Enquiry (1990) (Indiana: University of Notre Dame Press) 등이 있다.

9 계몽주의는 18세기 유럽과 북아메리카의 지적, 문화적 상황과 관련되어 있다.

10 특별히 매킨타이어의 책을 참고하라. *Whose Justice? Which Rationality?* (1985), pp.83,94. 하우어워스의 요약과 비평을 보기 위해서는 더글러스 C. 게이 Douglass C Gay의 박사 학위 논문을 참고하라. http://www.era.lib.ed.ac.uk/bitstream/1842/1699/1/Gay_thesis.pdf

11 http://www.renovatuscommunity.com/files/2008_06_29_follow_hauerwas.mp3

12 하우어워스의 2003년 강연 '교회를 위해, 텍사스를 위해'Pro Ecclesia, Pro Texana. http://www.baylor.edu/player/index.php?id=112554&gallery_id=5428

13 *Ibid.*

14 하우어워스의 보스턴 대학 강연. http://frontrow.bc.edu/program/hauerwas/

15 분파주의자Sectarian - 어떤 부분에 대하여 편견 어린 관점을 고수하는 사람들. 신앙주의Fideism - 이성적 바탕이 없는 신앙을 말한다. 예를 들어 제프리 스타우트Jeffrey Stout는 자신의 책 「민주주의와 전통」Democracy and Tradition에서 말한다. "신학자들은 그리스도교인들에게 세속정치 문화에 대한 분노를 일으키는 것 이상 한 것이 없다." Jeffrey Stout, *Democracy and Tradition* (Princeton: 2004), p.140. 막스 스택하우스Max Stackhouse는 그리스도교는 그 중심에 자유주의적 요소를 갖고 있다고 주장한다. 그리고 하우어워스에 대해 평하며 하우어워스가 양심에 부합하는 행동을 요구하는 '이상주의자'라고 말한다. 그가 보기에 하우어워스의 제자들은 자신들에게 도전하는 무엇이라도 저항하는 방식으로 신념을 고수하는 이들이다. Max Stackhouse in a review of *Dispatches from the Front* (entitled 'Liberalism Dispatched Versus Liberalism Engaged' in *The Christian Century*, 18 October 1995, pp.962,963,967). 예일대에서 하우어워스의 박사논문 조언자였던 제임스 거스탑슨James Gustafson의 책에서도 하우어워스에 대한 공통된 비판점을 찾을 수 있다. 'The Sectarian Temptation: Reflections on Theology, the Church, and the University,' in *Proceedings of the Catholic Theological Society 40* (1985) pp.83.94. 이에 대한 하우어워스의 요약과 비평을 보기 위해서는 더글러스 C.게이의 박사 학위 논문을 참고하라. http://www.era.lib.ed.ac.uk/bitstream/1842/1699/1/Gay_thesis.pdf

16 Leander Leck of Yale Divinity School, quoted in *Where Resident Aliens Live* (Nashville, TN: Abingdon Press,1996). p.26.

17 '전쟁이 유일한 해답인가?Is War the Only Answer?라는 제목으로 진행된 오프라 윈프리 쇼를 보라. http://en.wikipedia.org/wiki/Oprah%27s_Anti-war_series

18 Stanley Hauerwas, *After Christendom* (Nashville, TN: Abingdon Press, 1999), p.57.

19 2002년 마이클 퀵Michael Quick과의 인터뷰를 참고하라. http://findarticles.com/p/articles/mi_m2096/is_1_52/ai_88702683?tag=rel.res5

20 Stanley Hauerwas and W.Willimon, *Resident Aliens*, p.22.

21 Stanley Hauerwas, *Wilderness Wanderings* (London: SCM Press, 2001) p.145.

22 Alasdair MacIntyre, *The Religious Significance of Atheism* (New York: Columbia University Press, 1969), p.24.

23 Stanley Hauerwas, *Naming the Silences - God, Medicine, and the Problem of Suffering* (Edinburgh: T and T Clark, 1993), p.41.

24 *Ibid*, p.24.

25 Stanley Hauerwas, *After Christendom?* 뒷표지에 실린 문구.

26 Stanley Hauerwas and W.Willimon, *Resident Aliens*, p.22.

27 마태오의 복음서 15장 8절에서 예수는 바리사이인들을 비난하기 위해 이사야서 29장 13절을 인용한다.

28 Stanley Hauerwas and W. Willimon, *Resident Aliens*, p.95.

29 매킨타이어는 『덕의 상실』에서 주장한다. "인간은 이야기를 말하는 동물이다." 모든 사회윤리는 이야기(내러티브)를 갖고 있다. 국가, 대학, 회사, 교회는 이야기를 만들어내는 공동체다. 내러티브 신학은 성서의 내러티브가 우리의 삶의 이야기를 결정하고 조직신학을 규제한다고 생각한다.

30 하우어워스는 2003년 '본회퍼와 진실함'Bonhoeffer and Truthfulness이라는 제목으로 칼뱅 대학에서 강연하는데 여기서 그의 특징적인 면모를 살필 수 있다. http://www.youtube.com/watch?hl=en-GB&feature=related&v=FPPJCkfxdTs&gl=GB

31 Stanley Hauerwas and W. Willimon, *The Truth About God - The Ten Commandments in the Christian Life* (Nashville, TN: Abingdon Press, 1999), p.124. 『십계명』(복 있는 사람 역간)

32 Stanley Hauerwas, 'The Church's One Foundation is Jesus Christ her Lord; Or, in a World Without Foundations: All We Have is the Church,' chapter seven in Hauerwas, Nation, Murphy, *Theology without Foundations* (Nashville, TN: Abingdon Press, 1994), p.153.

33 Stanley Hauerwas and W. Willimon, *Resident Aliens*, p.21.

34 *Philosophical Investigations* (Oxford: Blackwells Publishing, 2001), p.66. 비트겐슈타인이 하우어워스에게 미친 영향을 살피기 위해서는 다음을 참조하라. *Wilderness Wanderings* 9장

35 Stanley Hauerwas, *The Peaceable Kingdom* (Ind: University of Notre Dame Press, 1986),

p.33.

36 'Carving Stone or Learning to Speak Christian' in *The State of the University* (Oxford: Blackwell Publishing, 2007), pp.108-9.

37 이신론은 하느님이 이 세상을 창조하신 후 더는 세상에 관여하지 않는다는 믿음을 말한다. 뉴턴은 하느님을 이렇게 믿었고 세계를 운동 법칙을 따라 움직이는 기계로 이해했다. 계시와 기적은 이러한 세계를 이루는 존재 법칙에서 벗어난다.

38 Stanley Hauerwas and W.Willimon, *Resident Aliens*, p.166.

39 Stanley Hauerwas, *Prayers Plainly Spoken* (London: SPCK, 1999), p.xv.

40 Stanley Hauerwas and W.Willimon, *Resident Aliens*, pp.94,95.

41 L.Gregory Jones, R.Hutter, C.Rosalee, V.Ewell, *Engaging Stanley Hauerwas* (Grand Rapids, MI: Brazos Press, 2005), p.9.

42 Stanley Hauerwas, *After Christendom?*, p.36.

43 주석 19번 참조.

44 Stanley Hauerwas, *With the Grain of the Universe*, p.204.

45 A.MacIntyre, *After Virtue* (London: Duckworth, 2007).

46 Stanley Hauerwas, 'The Gesture of a Truthful Story,' in *Christian Existence Today: Essays on the Church, World, and Living In Between* (Grand Rapids, MI: Brazos Press, 2001), pp.105,6. 실제로 무신론자 문필가인 크리스토퍼 히친스Christopher Hitchens가 이러한 방식으로 마더 테레사를 비판했다. Christopher Hitchens, *The Missionary Position* (London: Verso, 1995). 『자비를 팔다』(모멘토 역간)

47 "오, 인자하신 아버지여, 우리는 갑작스레 찾아온 당신의 손길로 여기 누운 당신의 종을 대신해 당신에게 자비를 구합니다. 당신께서 뜻하신

바가 있다면 그의 생명을 보존해 주소서. 참회의 기회가 될 것입니다. 그러나 뜻이 다른 데 있으시다면 자비를 베푸셔서 등불이 천천히 꺼질 수 있는 기회를 허락하소서." *The Book of Common Prayer* (University of Michigan, 1835), p.184.

48 인정론Anthropodicy - 한 때 이 문제는 신정론Theodicy라 불렸다. 신정론은 악의 문제와 관련해 하느님의 선함과 주권을 정당화하기 위한 이론이었다. 그러나 세속화된 현대 사회에서 하느님의 존재를 거부함으로써 악에 관한 문제, 악을 줄이는 방법에 문제는 의학으로 넘어가게 되었다.

49 Stanley Hauerwas, *Naming the Silences*, p.62.

50 Stanley Hauerwas, 'Timeful Friends: Living with the Handicapped' in *Sanctify Them in Truth: Holiness Exemplified* (Nashville, TN: Abingdon Press, 1998), p.147.

51 Stanley Hauerwas, *Suffering Presence* (Edinburgh: T and T Clark), pp.25,32. 고통을 다룬 저작들의 취지를 이해하기 위해서는 다음을 보라. http://www.youtube.com/watch?v=dT9u6EECRbI&hl=en-GB&gl=GB

52 임종을 맞이하는 장면에서 보여주는 신앙은 존 웨슬리의 아르미니안지 Arminian magazine에 기록되어 있다.

53 'Salvation and Health: Why Medicine Needs the Church' in *Suffering Presence*, p.75.

54 Stanley Hauerwas and W.Willimon, *Resident Aliens*, p.70.

55 *Ibid*, p.142. 또한 다음을 참조하라. Stanley Hauerwas, *A Better Hope, Resources for a Church Confronting Capitalism, Democracy, and Postmodernity* (Grand Rapids, MI: Brazos Press).

56 "우리가 적을 가진 것처럼 설교하기"라는 제목으로 쓴, 하우어워스의

첫 번째 저작에 있는 글이다. http://www.leaderu.com/ftissues/ft9505/articles/hauerwas.html

57 이러한 하우어워스의 논점은 온라인을 통해 접할 수 있다. 2003년 본회퍼에 관한 강연에서도 잘 드러난다. http://www.calvin.edu/january/2003/hauerwas.htm

58 Stanley Hauerwas and W. Willimon, *Where Resident Aliens Live*, p.61.

59 *Ibid*, p.101.

60 비슷한 맥락에서 글래디스는 교회 리더들이 바쁘게 사는 중산층을 위한 탁아소를 운영하자는 제안을 반대했다. 그녀는 제법 사는 중산층이 아이를 돌보지 않고 맡기는 곳인 탁아소는 '우리의 굽을 대로 굽은 가치 중 가장 악한 어떤 면을 부추'길 수 있다고 보았다. Stanley Hauerwas and W. Willimon, *Resident Aliens*, p.119.

61 Stanley Hauerwas and W. Willimon, *Where Resident Aliens Live*, pp.15,16.

62 『하나님의 나그네 된 백성』은 10만 부 가까이 팔렸으며, 많은 사목자와 평신도에게 공감을 얻은 만큼 많은 비판도 받았다. 이후 출간된『그리스도교 세계 이후?』After Christendom? 과『나그네 된 백성이 사는 곳』Where Resident Aliens Live과 함께 이 책에서 하우어워스의 교회론이 전개된다.

63 *Ibid*, p.82.

64 *Ibid*, p.25.

65 Stanley Hauerwas and W. Willimon, *Resident Aliens*, p.137.

66 Stanley Hauerwas, *The State of the University*, p.207.

67 Stanley Hauerwas and W. Willimon, *The Truth about God*, p.19.

68 'Christianity: It's an Adventure' in *The Hauerwas Reader* (Duke, NC: Duke University Press, 2001), p.534.

69 Stanley Hauerwas and W. Willimon, *Where Resident Aliens Live*, p.76.

70 *Ibid*, p.75.(월스트리트 저널에 실린 것을 재인용)

71 Stanley Hauerwas, Nation, Murphy, *Theology Without Foundations*, p.156.

72 Stanley Hauerwas and W. Willimon, *Resident Aliens*, p.157.

73 개신교 종교 개혁의 구호인 '오직 성서'는 윌리엄 틴데일William Tyndale이 말한 구호로 평범한 시골 소년도 교황만큼 성서에 대해 좋은 해석자가 되는 것을 목표로 삼았다.

74 Stanley Hauerwas, *Unleashing the Scripture, Freeing the Bible from Captivity to America* (Nashville, TN: Abingdon Press, 1993), p.16.

75 Stanley Hauerwas and W. Willimon, *Resident Aliens*, p.162.

76 Stanley Hauerwas, *Unleashing the Scripture*, p.37.

77 하우어워스의 "규율된 공동체로서의 교회, 기술로서의 제자도" Discipleship as a craft, Church as a disciplined community라는 강연을 보라. http://www.archden.org/index.cfm/ID/832/Audio-Archive/. 같은 선상에서 하우어워스의 글 '왜 클린턴 대통령은 거짓말을 할 수 없는가?: 그리스도교적 분석'Why Clinton is Incapable of Lying: A Christian Analysis을 보라. ed. G. Fackre, *Judgment Day at the White House* (Grand Rapids, MI: Eerdmans, 1999).

78 Stanley Hauerwas, *Unleashing the Scripture*, p.27.

79 Stanley Hauerwas and W. Willimon, *Where Resident Aliens Live*, p.164. 이 논평은 하우어워스의 몇몇 저작들과 마찬가지로 듀크 대학 채플에서 윌리엄 윌리몬이 행한 열 편의 설교에 대해 하우어워스가 반응하는 식으로 이루어졌다. 하우어워스의 성서 해석과 설교에 관한 강연을 보려면 다음을 참조하라. http://oakgrovemedia.typepad.com/hauerwas/

80 Stanley Hauerwas and W. Willimon, *Resident Aliens*, p.95.

81 Jeffrey Stout, *Democracy and Tradition* (Princeton, NJ: Princeton University Press, 2004), p.156. 또 다른 하우어워스에 대한 비평은 다음을 참조하라. R.P Jones and M.C Stewart, *The Unintended Consequences of Dixieland Postliberalism*(http://media.pfaw.org/pdf/cav/dixieland.pdf)

82 Stanley Hauerwas and W.Willimon, *Resident Aliens*, p.72.

83 Stanley Hauerwas, *Naming the Silences*, p.55.

84 D Brooks, 'Obama, Gospel and Verse,' *The New York Times*, 26 April 2007.

85 Yonat Shimron, 'The Gospel According to Stanley Hauerwas'(http://rnasecure.org/media/03seattle/shimron1.html, 2002.)

86 Stanley Hauerwas and W.Willimon, *Resident Aliens*, p.48.

87 '교회에서 우리는 애국자가 되어야 하는가'Should We Be Patriots in the Pew?라는 주제를 두고 펼쳐진 논쟁을 듣기 위해서는 다음 주소를 검색하라. http://www.albertmohler.com/2008/07/03/should-we-be-patriots-in-the-pew/

88 미국 하원의원이었던 필립 오닐P. O'Neill은 "신학자들의 거침없는 신앙이 현재 상황에 이의를 제기하고 도전한다"고 말했다. 한편 가톨릭 보고서는 "스탠리 하우어워스는 전쟁을 반대하고, 사형에 반대하며, 낙태에 반대한다"는 커버스토리를 실었다. *National Catholic Reporter*, 21 June 2002.

89 Stanley Hauerwas and W.Willimon, *Resident Aliens*, p.152.

90 Stanley Hauerwas, 'Foreword' to S.Wells's *Transforming Fate into Destiny* (Carlisle: Paternoster Press, 1998), p.xi. 이 책은 여전히 하우어워스에 관한 가장 좋은 해설서다.

91 http://frontrow.bc.edu/program/hauerwas/

92 Stanley Hauerwas and W. Willimon, *Resident Aliens*, p.87.

93 http://www.baptiststandard.com/2003/3_17/pages/hauerwas.html

94   Interview of Hauerwas by Jim Wallis of *Sojourners* available at http://www.sojo.
net/index.cfm?action=news.display_archives&mode=current_opinion&article
=CO_010702h

95 Stanley Hauerwas, *The Peaceable Kingdom*, p.148.

96 Stanley Hauerwas and W. Willimon, *Resident Aliens*, pp.90-91.

97 Stanley Hauerwas, *The Peaceable Kingdom*, p.138.

98   Interview of Hauerwas by Jim Wallis in *Sojourners*, 위와 같음.

99 Stanley Hauerwas, *The Peaceable Kingdom*, p.151.

100 http://today.duke.edu/showcase/mmedia/features/911site/hauerwas.html

101 Stanley Hauerwas, *A Better Hope* (Grand Rapids, MI: Brazos Press), p.44.에서 재
인용.

102 'Armaments and Eschatology,' *Studies in Christian Ethics 1*, no 1 (1988).

103 하우어워스는 마태오의 복음서 주석에서 산상수훈을 다루며 브룬너 주
석서의 산상수훈에 대한 각주에서 프레더릭 데일 브루너F. D. Bruner의
주장을 언급한다. Stanley Hauerwas, *Matthew commentary* (London: SCM Press,
2006), p.73.

104 Stanley Hauerwas, *Prayers Plainly Spoken*, p.xvi.

105 Stanley Hauerwas and W. Willimon, *Resident Aliens*, p.154.

106 Stanley Hauerwas, *Prayers Plainly Spoken*, p.30. 기도에 관한 하우어워스의 강
연은 다음을 참조하라.
http://www.youtube.com/watch?v=gYRk3uPVhvY&gl=GB&hl=en-
GB&feature=related

하우어워스는 계속해서 판사에게

그리스도인들이 노예제도, 짐 크로우 법,

해외 파병, 핵무기 보유에 반대해 온 저항의 역사를 이야기했다.

"이것이 이 세계를 이루는 체제들과

그리스도인들의 신념이 충돌했을 때

그리스도인들이 한 일입니다.

그리스도인은 길을 가로막는 존재입니다."

『다시, 그리스도인 되기』中

스탠리 하우어워스는 참된 그리스도인이 되기 위해 평생을 애쓴, 교회를 위한, 교회의 신학자다. 서구 그리스도교계의 쇠퇴를 앞에 두고 그는 세상과 타협하고 조화를 이루는 방식의 시도들을 단호하게 거부하며 현실에 안주하는 시민이 아닌 깨어 있는 그리스도인을, 로마 제국(미국 제국)의 종교가 아닌 낯선 거류민의 종교로서의 그리스도교를, 자기만의 신/신앙이 아닌 성서가 증언하는 공동체의 하느님/이에 바탕을 둔 신앙을 끊임없이 강조했다.

이러한 하우어워스의 신학적 외침이 갑작스럽게 튀어나온 것은 아니다. 그의 신학 사상은 여러 신학자와 철학자의 영향을 받아 형성되었으며 그 바탕에는 텍사스 노동자의 아들로 건축 현장에서 조적공 일을 했다는 사실이 자리하고 있었다.

벽돌을 쌓는 기술은 모든 다른 기술과 마찬가지로 오랜 시간의 몸의 훈련이 필요하다. 두세 단계를 훅 뛰어넘는 엽등獵等이 불가능하며, 익숙해지기까지 매 순간 집중해야 하고 규칙을 숙지하면서 이에 맞춰 인내심을 가지고 성실하게 움직여야 한다. 이러한 과정을 거쳐 몸으로 익힌 기술은 쉽게 잊히지 않는다. 시간은 축적되면서 기슬자의 능력이 된다. 하우어워스는 삶의 경험을 통해 신학이라는 학문을 할 때 갖추어야 할 자세를 익혔고 더 나아가 그리스도교 신앙이 일련의 교리적 명제에 대한 지적 동의가 아니라 몸으로 살아 내는 것이라는 인식에 도달했다. 그가 칼 바르트를 자신의 주요한 스승 중 한 명으로 삼은 것도 바르트가 동시대 다른 신학자들과 달리 이런 '몸의 훈련'을 강조했기 때문이다.

나는 자유주의 개신교 신학에 끌린 적이 없는데, 도제가 되는데 필요한 훈련을 피하려는 시도처럼 느껴진 것이 한 가지 이유가 아닌가 싶다. 그에 반해, 칼 바르트의 저작에서는 조적 장인의 지시에 순종해야 한다는, 그래야 그 과정에서 '일의 비법'을 몇 가지 배울 수 있다는 단호한 요구를 읽었다.

-『한나의 아이』中

하우어워스에 따르면 그리스도교인의 정체성은 쉽게, 즉 각적으로 형성되지 않는다. 그리스도교인이 되기 위해서는 하느님의 뜻을 찾는 일련의 노력과 훈련, 세상의 도전에 맞서서 싸우고 극복하는 경험의 축적이 필요하다. 이 모두를 겪어내야 한다. 달면 삼키고 쓰면 뱉는 태도로는 신앙인도, 신학자도 될 수 없다. 신학과 신앙이 몸의 훈련이라면 "신학은 무엇인가?, 신앙은 무엇인가?"를 묻기보다 "어떻게 살 것인가?"를 물어야 한다. 진정한 그리스도교인은 믿는 대로 사는 이들이다.

역설적이지만 교리를 무조건 받아들이지 않고 성서, 교리, 전통을 통해 내려오는 그리스도교의 진리를 몸으로 살아가려면 그리스도교가 무엇을 전하는지를 '아는' 과정 또한 거쳐야 한다. 개인과 공동체의 정체성은 경험의 기억과 그 기억을 유지하는 일련의 이야기narrative를 통해서 형성된다. 인간에게 언어는 곧 사유이고, 개인과 공동체의 삶을 지속시키는 가장 중요한 매개다. 그리스도교는 역사를 통해 계승되어 온 공동체로서 자신만의 이야기를 갖고 있고, 따라서 그리스도교인은 시간과 노력을 들여 그리스도교의 이야기를 자신의 이야기로 삼은 사람들이다. 외국어를 배우려면 외국어의 문법을 익히고 그것을 실제로 적용해야 하듯이, 그리스도교인이 된다는 것은 그리스도교의 이야기를 충실하게 수용하고 그것을 따라 살아야 한다.

다른 누구보다 하우어워스 본인이 이 과정에 충실했다. 예수 그리스도를 따르는 제자도를 강조하되 그 길을 가면서 그는 다양한 신학 흐름과 뿌리—그가 직접적으로 영향을 받은 신학자는 개신교 신학자인 칼 바르트, 로마 가톨릭 철학자인 알래스데어 매킨타이어, 로마 가톨릭 신학자인 허버트 맥케이브Herbert McCabe, 메노나이트 신학자인 존 하워드 요더까지 다양한 교파를 아우른다—에서 자기 신학 사상의 자양분을 길어 올리기를 주저하지 않았다. 몇몇 비평가는 그에게 종파주의자라는 혐의를 씌우지만 배움의 과정에서 그는 동시대 어떤 신학자보다 공교회적인 모습을 보여주었다.

그는 신학이 교회라는 현장을 벗어나서는 안 된다고 강력하게 주장했고 몸소 이를 실천했다. 그는 평생에 걸쳐 자신이 몸담은 그리스도교 공동체의 활동에서 자신의 신학적 재료를 길어 올렸다. 서품 받은 사제는 아니지만 그는 성서와 전통에 기대어 소비주의에 물든 사회와 '개인'을 강조한 나머지 점점 더 사람들을 서로 고립시키는 문화적 풍토를 강력히 비판하고 하느님의 형상인 인간의 존엄성을 해치는 모든 폭력을 거부하는 예언자적인 설교가, 평화주의자며 기도의 사람이다. 수업을 시작할 때 그가 드리는 기도는 많은 학생에게 영감을 불러일으키고 감명을 주었다. 교회를 강조하는 신학자, 정치적으로 진보적인 발언을 하고 활동하는 그리스도교인, 교회 생활과 기도에 헌신하는 신앙인은 많지만 이 모든 것을 유기적으로 엮어낸 그리스도교인은 그리 많지 않다. 학계와 교회, 사회와 교회가 분리되고 신앙과 삶이 괴리되기에 십상인 현대 사회에서 하우어워스의 저작과 활동은 하나의 전범이 되어준다.

물론 하우어워스는 생존하는 신학자다. 그의 신학과 신앙의 여정은 끝나지 않았다. 그는 여전히 은총에 기대어 진리를 살아 내려 애쓰는, 도상途上에 선 그리스도교인이다. 따라서 지금 최종적인 평가를 내릴 수는 없다. 그러나 지금까지 남긴 저작과 실천으로도 그는 세속화, 소비주의로 점철된 자본주의 사회에서 교회와 그리스도교인이 어떠한 태도를 갖추고 나아가야 하는지 중요한 시사점을 남겼다. 여기에는 간략하게나마 그가 남긴 저작 중 일부를 소개하려 한다.

1. 《한나의 아이》, 홍종락 옮김, IVP, 2016

'믿음'은 믿어야 할 명제들이 있으며, 그 명제들이 어떤 일을 감당하는지도 모른 채 그에 대해 마음을 정해야 하는 상황을 함축한다. … (어떤 이들에게는) 하느님이 그냥 다가온다. 그러나 하느님은 내게는 그와 같이 하지 않으셨다. 나는 이런 내 모습이 하느님이 더 이상 그냥 '다가오지' 않는 세상에서 그분을 섬기는 것의 의미를 숙고하는 데 도움이 되는 하느님의 선물이라고 본다. - 본문 中

『한나의 아이』는 2010년 출간된 하우어워스의 자서전이다. 12장, 한국어판 기준으로 512쪽이라는 적지 않은 분량에 "'스탠리 하우어워스'가 될 의도가 없었던"이가 어떻게 스탠리 하우어워스가 되었는지, 그리스도교계에서 태어났으나 그리스도를 만나지는 못했던 이가 어떻게 신학이라는 학문을 익히고 신학의 현장인 교회에 참여하며 한 사람의 그리스도인이 되었는지를 담담한 문체로 써 내려갔다.

하우어워스가 보기에 한 사람의 인생은 우연히 일어나는 수많은 사건을 일관된 하나의 이야기로 이어 기억하는, 혹은 그렇게 기억되는 과정을 통해 만들어진다. 그리스도교인은 세상과는 다른 이야기를 간직한 교회 공동체를 통해 자신의 정체성을 빚어 간다. 세속 사람이 우연으로 돌리는 모든 사건은 삼위일체 하느님이 그에게 내려 준 선물이며 그 사건들의 온전한 의미는 인간의 몸을 입고 온 예수 그리스도의 빛을 통해서만 깨달을 수 있다고 교회는 증언한다. 신학은 이 교회 공동체를 더욱 풍요롭게 하고 교회 공동체의 이야기를 삶과 연결하기 위해 존재한다.

"말할 수 없는 것에 대해서는 침묵하라"는 비트겐슈타인의 권고를 따라 하우어워스는 이 '신학적 회고록'(그가 본래 생각했던 이 책의 부제)에서 자기 삶의 세목과 자신의 신학적 견해를 곧바로 연결하는 것, 삶에서 일어나는 여러 일에 곧바로 신학적인 의미를 부여하는 것을 경계한다. 하지만 이 책의 전체 논조는 분명 신학적이다. 그리스도교, 교회, 그리스도교인에 대한 그의 신학적 신념이 곳곳에 배어있다. '구원받았지만' 구원받았음을 알지 못하는 한 인간이 태어나 (1장), 일하고 (2장), 공부하고 가르치며 (3-5장), 고통을 함께 견디고 (6-7장) 새로운 일들을 하는 가운데 좋은 사람들과 만나 자신의 '구원받았음'을 서서히 확신케 된다(8-10장). 이렇게 하느님께서는 한 사람을 자신의 백성으로 만들어 가시며 이 과정을 차분히 볼 수 있다면, 저 우연적인 사건들, 개별적인 차원에서는 '정답 없는' 사건들이 하나의 일관된 의미를 얻게 된다고, 이를 깨달은 이가 할 수 있는 것은 하느님 앞에서 기도하는 것뿐이라고(11장) 그는 책 전체를 통해 독자들에게 증언하고 있다.

'회고록'답게 이 책은 하우어워스라는 한 개인의 삶에서 일어난 희로애락을 담담하게 표현해 독자들에게 감동을 안겨다 주는 기록물이지만 '신학적 회고록'인 만큼 하우어워스라는 신학자의 신학 사상이 어떠한 사상들과의 대화를 거쳐 만들어지고 다듬어지고 확장되었는지를 알 수 있으며 이 점에서 다른 어떤 해설서보다도 하우어워스 신학 사상에 대한 좋은 입문서로 기능한다. 좀 더 전문적인 독자들이라면 이 책을 통해 20세기 후반부 영미권에서 진행되는 신학의 풍경을 살필 수도 있을 것이다.

또한 자신의 인생을 신학적으로 풀어냈다는 점, "피조물인 우리가 선택하지 않은 이야기를 살아낼 수밖에 없다"는 아우구스티누스의 신학적인 통찰을 전면적으로 받아들이고 "자아가 어떻게 진실하게 기록될 수 있는지"를 자기 자신의 삶을 통해 살펴봤다는 점에서 이 책은 (많은 평자가 말하듯)『고백록』Confessiones과 함께 읽어볼 만한 가치가 있다. "우리가 사는 시대에서는 어느 누구도『고백록』같은 책을 쓸 수 없다는

판단 ... 우리는 그럴 언어도, 그럴 기백도 없다", "나의 에세
이 형식은 ... 근대성 가운데 그리스도인으로 산다는 것의 의
미에 대한 근본적인 신념을 구현하려는 시도"라는 하우어워
스의 말을 유념하며 두 저작을 비교해 읽는다면 고전적인 그
리스도교 사상과 근대 이후의 현대 그리스도교 사상의 연속
성과 차이를 가늠해 볼 수도 있다.

2. 《하나님의 나그네 된 백성》, 윌리엄 윌리몬과 공저, 김기철 옮김, 복 있는 사람, 2010

교회는 식민지며, 타문화의 한가운데 있는 문화의 섬이다.
세례를 통해 우리의 시민권은 한 나라에서 다른 나라로 소속
이 바뀌고, 그때 우리는 우리가 속한 문화가 어떤 것이든지
그곳에서 나그네 된 거류민의 신분으로 변하게 된다. 교회
라 불리는 식민지 속에서 목회자와 평신도로 살고 있는 우리
두 저자는, 이 책을 통해 목회자들과 그들의 교회가 목회를
비판적이면서도 희망에 찬 것으로 볼 수 있도록 도와주고 싶
다. - 본문 中

『하나님의 나그네 된 백성』(원제는 *Resident Aliens*로 '낯선 거류

민' 혹은 '거주하는 이방인' 정도로 번역할 수 있다)은 하우어워스가 듀크 대학의 동료 실천신학자이자 감리교 목사인 윌리엄 윌리몬William Willimon과 함께 사목자들과 평신도를 대상으로 쓴 일종의 대중적인 '교회론' 저작이다. 영미권에서만 10만 부 가까이 팔려 하우어워스가 미국의 대표적인 신학자로 알려지는 데 상당한 공헌을 하였으며 일반 독자들도 쉽게 읽을 수 있게 쓰였기 때문에 『한나의 아이』와 함께 하우어워스 신학에 처음 접근하는 이들이 가장 먼저 집어 들어 읽을 만한 책이기도 하다.

두 저자는 오늘날 미국 교회가 안고 있는 가장 큰 문제는 그리스도교적 실천력이 떨어진 것이라고 말한다. 즉 그리스도교인이 그리스도교인'답게' 살지 못한다는 것이다. 그리스도인이 그리스도인답게 살지 못하는 이유는 무엇인가? 저자들은 예수 그리스도의 진리를 담지한 교회가 세속 문화와 분리되지 못하고 세상이 원하는 대로, 세상과 섞여서 그 고유한 정체성을 상실했기 때문이라고 진단한다. 따라서 이들은 교회와 문화를 화해시키려 한(그리하여 교회를 문화에 종속시킨) 신학적 흐름을 강도 높게 비판한다. 그들의 관점에서 볼 때 근대 신학의 아버지라 할 수 있는 슐라이어마허Friedrich Schleiermacher의 신학과 그의 영향권 아래 있는 폴 틸리히Paul

Tillich의 존재 신학, 화이트헤드Alfred North Whitehead의 과정 신학은 모두 문화에 기대어 자신의 가치를 입증하려 하거나 문화에 걸맞은 방식으로 번역하려 한, 그럼으로써 그리스도교의 본질을 왜곡한 신학들이다. 문화 안에서 그리스도교적 가치를 실현하고자 한 라인홀드 니버의 그리스도교 현실주의나 라우쉔부쉬의 사회 복음 역시 마찬가지다.

총 7장으로 이루어진 이 책이 근본적으로 문제 삼는 것은 근대화 이후 세속문화가 보이는 개인주의, 그리고 개인주의와 불가피하게 얽혀있는 이기주의다. 하느님을 거부하고 인간을 주인으로 만든 세상, 눈에 보이는 세계가 전부이며 모든 것을 인간 중심으로 재편하는 세상과 이를 뒷받침하는 이론들을 향해 하우어워스와 윌리몬은 되묻는다. 과연 인간은 이성적이며 합리적인가? 설사 이성적이고 합리적이라 하더라도 인간에게 무한한 기대를 걸 수 있는가? 현대 사회 및 문화(그리고 여기에 순응하는 그리스도교는)는 인간을 근본으로 한다면서 도리어 인간성을 잃게 하고, 인간을 파멸로 인도하는 것은 아닌가? 자유, 정의, 평등이라는 고귀한 가치들 역시 인간 본성이 지닌 이기심, 탐욕, 욕망과 맞물려 그 본래적 의미를 상실하고 있는 것은 아닌가?

두 저자가 보기에 인간을 인간 되게 해주는 것, 세상을 세상 되게 해주는 것은 인간 중심적인 정치 체제나 문화가 아니라 오히려 이를 거스르는, 대항문화적 성격을 지닌 '교회'다. 교회는 인간이 아닌 하느님을, 인간의 주도적 활동이 아닌 하느님에 대한 순종으로서의 예배와 기도를, 인간 자신을 합리화하는 이론이 아닌 인간의 자리를 새로이 일깨우는 복음을 선포하고 이를 구현함으로써 세상을 세상 되게 만든다. 교회에 헌신하는 것, 그리스도교인이 된다는 것은 이 세상의 시선에서 볼 때 다른 세계가 이곳에 세운 식민지의 백성이 되는 것, '낯선 거류민'이 되는 것이며 그리스도교인의 활동은 필연적으로 정치적인 성격을 얻게 된다.

복음에 참여하라는 요청은 나그네 된 백성이 되고, 대항문화에 참여하고, 교회라는 이름의 새 폴리스에 가입하라는 신나는 초청이다. 복음이 우리에게 부과하는 문제는, 믿음의 옛 체계를 어떻게 하면 현대의 믿음 체계들과 조화시킬 수 있느냐를 다루는 지적인 딜레마가 아니다. 예수가 우리에게 던지는 문제는, 하나님께서 우리와 함께하심을 보여주는 이야기에 의해 세워진 낯선 공동체에 어떻게 충성할 것인가 하는 정치적 딜레마이다. - 본문 中

이러한 이들의 비판과 주장에는 교회가 세상과 소통하기 위해 세상에 다리를 놓고 자신을 지나치게 연 나머지 세상에 너무 가까워졌다는, 그리스도교 고유의 성격이 사라져 버렸다는 통찰이 자리 잡고 있으며 교회가 제 목소리를 내려면 교회가 세상과 거리를 두어야 한다는 예언자적 울림이 있다. 책의 후반부에서는 미국 사회의 이슈들과 그에 대응하는 교회들의 여러 태도, 그리고 사목 현장에서 진행되고 있는 다양한 사례들을 담고 있는데 이러한 사례를 통해 우리는 교회가 어떻게 세상과 구분되면서 세상에 새로운 반향을 일으켜야 하는지 구체적으로 생각해 볼 수 있게 된다.

하지만 교회의 제 목소리를 내기 위해 세상과 거리를 두고, 경계를 만들어야 한다는 이들의 주장은 아무런 비판도 하지 않고 받아들일 수 있는 견해는 아니다. 현실적으로 교회는 이미 '세상' 안에 있으며 그들이 되새겨야 한다는 그리스도교 이야기 역시 오랜 기간에 걸쳐 세상 문화와의 대화를 통해 형성되어 왔기 때문이다. 그렇기에 이 저작은 한 논의에 종지부를 찍는 저작이 아닌, 새로운 대화와 모색을 위한 책으로 읽힐 필요가 있다. 좀 더 실천적인 차원에 관심을 지닌 독자라면 보다 많은 사례를 수록한 『나그네 된 백성이 사는 곳』Where Resident Aliens Live을 살펴보기를 권한다.

3. 《교회됨》, 문시영 옮김, 북코리아, 2013

예수는 교회를 형성시키는 이야기다. 이는 교회가 세상으로 하여금 세상적인 것이란 무엇인지를 깨닫게 함으로써 세상에 기여함을 뜻한다. 대조 모델이 없다면, 세상은 생존을 위해 권력에 의존하는 자신들의 기이함을 알 수도 없고 느낄 수도 없다. 교회가 존재하기에, 세상은 본질적으로 진리에 기초하지 않은 정치를 이어가려는 비정상성을 지니고 있음을 깨닫게 된다. 세상은 구성원들에게 진리를 요구할 기초를 결여하고 있다. 그리스도 이야기를 익힌 공동체가 있기에, 세상은 … 사회의 의미를 깨달을 수 있다. - 본문 中

『교회됨』의 원제는 '성품의 공동체'Community of Character로 『평화의 나라』The Peaceable Kingdom, 윌리엄 윌리몬과 함께 쓴 『하나님의 나그네 된 백성』과 더불어 하우어워스의 대표적인 저작으로 꼽힌다. 크리스채너티 투데이Christianity Today는 이 저작을 20세기 가장 영향력 있는 그리스도교 서적 100권에 포함했다. '구성적 그리스도교 사회윤리를 향하여'Toward a Constructive Christian Social Ethics라는 부제처럼 하우어워스는 이 책을 통해 그리스도교, 사회, 윤리라는 세 가지 주제를 긴밀하게 연결하려 한다. 좀 더 정확하게 말하면 그는 "사회와 구분되는 그리스도인의 존재"를 확립함으로써 "사회를 섬겨"야 한다고 주장한다.

책은 총 3부로 구성되어 있다. 1부에서는 공동체와 정치에는 '내러티브'가 필요하다는 기본적인 논의를 전개한 뒤 그리스도교 공동체가 지닌 내러티브의 본질과 내용을 규명한다. 2부에서는 사회윤리에 있어서 내러티브와 덕의 중요성을 철학적인 배경과 함께 서술한 뒤 교회의 내러티브가 어떻게 그 구성원들에게 '덕'의 윤리를 함양시키는지를 밝힌다. 3부에서는 가정, 성, 그리고 낙태 문제를 다룬다. 1, 2부가 이론적인 내용을 다룬다면 3부는 이를 적용했다고 볼 수 있다.

1, 2부에 나온 에세이들을 통해 그는 종교, 윤리, 정치를 분리하는 근대 자유주의 프로젝트와 이에 부합하려는 그리스도교 신학의 시도들을 강력하게 비판한다. 하우어워스가 보기에 근대 정치는 정치를 권력, 이해관계, 기술의 문제로만 취급한 나머지 정치의 가장 기본적인 책무가 구성원들에게 공통의 문제, 공동체의 문제에 참여한다는 의식을 심어주는 것이라는 점을 잊어버렸다. 근대 그리스도교 신학, 윤리학 역시 마찬가지다. 본래 그리스도교는 이 세상과는 다르

며, 다르기에 세상의 진실을 알려주고 인간에게 자기기만을 향한 끝없는 유혹과 맞서 싸울 수 있게 하는 내러티브를 보유하고 있다. 그리스도교가 근대 자유주의 프로젝트와 화합하기 위해 자기 고유의 내러티브를 포기할 때, 혹은 내러티브 익히기를 소홀히 할 때 종교적 신념과 윤리적 행위, 정치적 행동은 서로 분리되며 그리스도교는 세상을 세상 되게 하는 하나의 대조 사회로 기능하는 것이 아니라, 세상에 포섭된 하나의 종교로 자리 잡게 된다. 그렇기에 하우어워스는 그리스도교인은 그리스도 이야기가 자신의 정체성을 보여준다는 확신을 따라 성서와 전통으로 대표되는 그리스도교 내러티브를 끊임없이 익히며 공동체를 세워가야 한다고 말한다. 이러한 논의를 뒷받침하기 위해 그는 알래스데어 매킨타이어의 논의를 십분 활용하며 아리스토텔레스의 덕 윤리를 그리스도교 윤리와 연결한다. 이와 관련해 특히 주목해서 볼 장은 5장 '교회, 성품의 공동체가 되라'와 7장 '예수 내러티브로 성품을 형성하라'이다. 이 장들에서 하우어워스는 근대 철학자인 칸트가 강조하는 도덕적 자율성과 독립성이 그리스도교 윤리와 상충하며 그리스도교 신앙에서 말하는 진정 자유로운 삶이란 삶을 하느님께서 주신 선물로 받아들이는 것, 그리하여 타자들로 구성되는 존재가 되는 것이라고 말한다.

여러 논문을 주제별로 나눈 것이라 각 장이 하나로 매끄럽게 연결되지는 않지만, 내러티브, 덕, 성품, 훈련의 중요성, 근대적 합리성에 대한 문제 제기, 대조 사회로서의 그리스도교 등 하우어워스 사상을 특징짓는 논의들이 촘촘하게 다루어져 있다. 『하나님의 나그네 된 백성』이나 다른 책을 보고 본격적으로 그의 논의에 관심을 가진 이들이라면 반드시 읽어야 할 저작이다.

4. 《주여, 기도를 가르쳐 주소서》, 윌리엄 윌리몬과 공저, 김기철 옮김, 복 있는 사람, 2006

하느님이 우리에게 예수로서 오신 것처럼, 그리스도인이 되는 것은 결코 자연적으로 일어나는 일이 아니다. 이는 우리의 일반적 기준으로는 이해되지 않는 일이다. 온갖 종류의 기도가 있지만 예수께서 가르치신 기도는 예수의 삶과 죽음과 부활에 기초를 두고 있는 독특한 행위이다. 우리는 먼저 그리스도인이 되기로 결정하고 나서 그다음에 주기도가 우리의 신앙을 표현하기에 좋은 수단이라는 사실을 발견하게 되는 것이 아니다. 우리가 이 기도를 선택하는 것이 아니라

이 기도가 우리를 선택하는 것이다. 이 기도가 우리에게 다가와서, 우리를 형성하고 우리를 제자의 길이라고 하는 모험 속으로 초대하는 것이다. 그리스도인이 된다는 것은 그리스도교적 기도라는 독특한 실천을 통해 빚어지는 한 무리의 사람들(교회) 속으로(세례를 받아) 입문하는 것이다. - 본문 中

『주여, 기도를 가르쳐 주소서』Lord, Teach Us는『하나님의 나그네 된 백성』,『십계명』과 마찬가지로 스탠리 하우어워스와 윌리엄 윌리몬의 공동 저작이다(두 사람은 십여 권의 책을 함께 썼다). 이 책에서 두 사람은 전 세계 모든 교회에서 드리는 주의 기도 혹은 주기도문을 다룬다. 물론 교파를 가르지 않고 그리스도교인이라면 공통으로 하는 활동은 많다. 그럼에도 둘이 주의 기도를 우선으로 다룬 이유는 무엇일까? 그 이유는 주의 기도가 그리스도교인이 되기로 결단한 후 공동체에서 접하게 되는 첫 번째 '공적 기도'이며, 그리스도교인이 주님으로 고백하는 예수가 직접 제자들에게 가르쳐 준 기도이기 때문이다. 전통적으로 교회는 새로 입문한 그리스도교인들에게 이 기도를 가르쳤으며 예배를 통해 이를 끊임없이 암송하게 했다. 이 책을 통해 저자들은 자신들이 갖고 있는 교회 중심적인 신학을 바탕으로 교회의 요소이자 원천인 주의 기도의 가치를 다시금 천명한다.

주의 기도를 다룬 수많은 책에서 일반적으로 학자들이 다루는 방식과는 달리 『주여, 기도를 가르쳐 주소서』는 성서학적인 주석을 다는 방식으로(주의 기도가 만들어졌을 당시 맥락을 고려하는 방식으로) '주의 기도'를 설명하지 않는다. 또한 이를 바탕으로 현대 이론과 대화를 시도한다거나 현대 이론을 활용해 새로운 해석을 도출해 내지도 않는다. 하우어워스의 여느 저작들이 그렇듯 이 '주의 기도' 해설 역시 합리적인 '변증', 교회 전통과 분리된 성서 연구, 공동체와 괴리된 개인적인 사색에 비판적이다. 대신 그들은 주의 기도 한 문장 한 문장을 곱씹으며 그 문장들이 오늘날 교회 공동체에 어떤 의미가 있는지, '그리스도교인의 정체성 형성'이라는 맥락에서 주의 기도가 어떠한 기여를 하는지를 찾고자 한다.

저자들은 주의 기도를 총 10개의 구절로 나누어 각 구절을 해설한다. 이때 이들은 이경해경以經解經이라는, 초대 교부와 종교개혁가들이 사용했던 방법을 사용한다. 두 저자는 주의 기도와 맞물려 읽힐 때 울림을 내는 시편이나 창세기, 복음서에 있는 여러 성서 구절을 활용해 기본적인 뜻을 설명하고 '교회'에서 일어난 다양한 일화를 제시해 구체성을 더한다. 성서와 전통에 충실한 방법과 설명을 통해 두 저자는 주의 기도가 (예수를 따르고자 하는 공동체인) '제자들'에게 주님이 (이스라엘 백성이라는 공동체라는 뿌리에서 기원한) 공동체적 배경 속에서 가르쳐 주신 기도임을, 오늘날 교인들에게 이 기도는 '교회'라는 공동체를 통해 내려오고 '지금, 여기'에 있는 그리스도교인들 또한 공동체적으로 이 기도를 드려야 함을 거듭 상기한다. "우리" 아버지Our Father!(영어로 된 주의 기도는 Our Father로 시작한다)에서 시작해 "아멘"으로 마칠 때까지 주의 기도는 철저하게 공동체를 위한, 공동체가 드리는 기도다.

그리스도교인이라면 성서와 전통을 통해 내려오는 이야기들을 완전히 체화해야 하며, 그렇게 할 때에만 교인은 비로소 교회 공동체의 구성원으로 거듭나 개인주의와 소비주의로 가득 찬 이 세상에서 '낯선 거류민'으로 살아갈 수 있다는 하우어워스의 일관된 주장은 이 해설서에도 어김없이 나타난다. 그러한 점에서 이 주의 기도 해설서는 그리스도교의 기초적인 내용조차 개인의 종교성을 충족하는 방식으로 해소하려 하는 현실 그리스도교인에게 일종의 해독제 역할을 할 수 있다. 다만 주의 기도를 되새기는 현대 성서학적 접근이 꼭 이들이 암묵적으로 전제하듯 공동체적 차원을 망각한 채 근대 사회와 타협하는 방식으로만 이루어지는지는 좀 더 생각해봐야 한다. 최근 성서학자들은 다양한 연구를 통해 1세기 갈릴래아에서 이 기도가 울려 퍼졌을 때 당시 유대인들에게 얼마나 충격적이고 새롭게 다가왔는지를 밝혀내고 있기 때문이다. 이 책과 더불어 '주의 기도'에 관한 성서학적 접근의 결과물(이를테면 존 도미닉 크로산John Dominic Crossan이 쓴 『가장 위대한 기도』(한국기독교연구소 역간))을 '따로 또 같이' 살필 필요가 있다.

5. 《십계명》, 윌리엄 윌리몬과 공저, 강봉재 옮김, 복 있는 사람, 2007

십계명은 인류 전체에 주어진 지침이 아니다. 십계명은 자신이 누구이며, 자신이 누구의 소유인지를 아는 사람들이 현세의 문화에 대항하며 살아가게 만드는 삶의 방식이다. 십계명은 … 이 세상이 자기 생각대로 살도록 하느님이 내버려 두시지 않았음을 우리의 일상에서 나타내고, 알리며, 증언하는 사람들을 만들어 내는 역할을 한다. … 이 '열 개의 말씀'이 이스라엘과 교회를 형성하고 우리의 일상적 삶을 점검한다. 따라서 십계명에 관한 이 책은 우리가 어떤 존재인지를 자상하게 일깨우는 동시에 우리가 마땅히 되어야 할 사람으로 변

『십계명』의 원제는 '하느님에 관한 진리'The truth about God 로 1996년 『주여, 기도를 가르쳐 주소서』에 이어 하우어워스와 윌리몬이 함께 쓴 십계명 해설서다. 서문에서 두 저자는 이 책을 읽기 전에 『주여, 기도를 가르쳐 주소서』를 먼저 읽어보기를 권한다. 그리스도교 입문이라 할 수 있는 주의 기도에 담긴 의미를 살핌으로써 하느님의 구원이 예수 그리스도를 통해서 어떻게 이뤄졌는지를 깨달은 다음 그 믿음을 갖고 이 세상에서 어떻게 살아야 하는지를 제시하는 책이 바로 이 저작이다. "낯선 거류민으로서 살아가는 데 필요한 기술을"을 제시하는 실천적인 저작인 셈이다.

『주여, 기도를 가르쳐 주소서』와 마찬가지로 하우어워스와 윌리몬은 성서학적인 주석을 다는 방식이나, 현대 문화와 사회에 '적용' 혹은 '응용'하는 방식으로 십계명을 '설명'하거나 '재해석'하지 않는다. 십계명은 "인류 전체에 주어진 지침"이 아니라 "그리스도인만의 독특한 정치활동"을 위한 하나의 기준점이다. 이 때문에 이들은 십계명을 보편적인 윤리로 해석하는 모든 시도를 거부하며 '자기만의 신' 개념(이를테면 관대한 이신론의 신), 율법과 은총에 대한 이분법적인 사고

(그리스도교는 유대교의 율법을 폐기하고 만들어진 사랑의 종교라는 생각)를 가지고 십계명에 접근하는 것을 강력하게 비판한다. 개인을 앞세우는 사회, 서로에게 해를 끼치지 않으면 그것으로 충분하다는 식의 윤리를 최선으로 여기는 현대 사회의 시선에서 십계명은 하나 마나 한 이야기와 신화적인 이야기가 뒤섞인 과거의 유산으로만 보인다. 십계명을 보편적인 윤리로 해석하거나, 강조점을 바꾸어 말하거나, 인간의 종교성을 충족시키는 방식으로 받아들이게 되면 십계명의 근본적인 차원은 드러나지 않게 된다. 십계명은 "하느님을 모르는 이들에게 하느님 자신을 드러내신" 사건의 산물이며 하느님은 이를 통해 자신이 죄인인지도, 죄된 현실을 살아가는지도 모르는 이들에게 인간과 세계의 죄성을 폭로하고 삶을 돌이켜 "너는 나 외에는 다른 신들을 네게 두지 말라"고, 당신을 예배하라고 명령하신다.

두 저자가 현대적인 십계명 해석에는 비판적이되 자신들의 논의를 보완하기 위해 다양한 그리스도교 전통을 대표하는 신학자들—아우구스티누스, 토마스 아퀴나스, 마르틴 루터, 장 칼뱅—의 논의들, 나아가 로마 가톨릭 교회의 교리문답, 웨스트민스터 신앙고백이나 메노나이트나 퀘이커의 신앙고백을 거리낌 없이 끌어다 쓴다는 점은 흥미롭다. 이렇게 함으로써 세상의 논의와 그리스도교의 가르침은 명확하게 선을 긋되("그리스도교의 시간은 세상의 시간과 다르다") 그리스도교 안에서는 공교회적으로 사유코자 한다. 두 저자는 철저하게 성서와 전통에 충실할 때('하나의 보편교회'catholic church의 구성원으로 철저하게 헌신할 때) 이 세상에서는 급진적인 삶을 살아갈 수밖에 없음을, 그렇게 해야만 세상을 세상 되게 하고, 세상이 그리스도를 따라 바뀔 수 있음을 암시하고 있다.

9계명과 10계명을 마지막 한 장으로 묶어서 모두 9장으로 구성되어 있는데 장마다 도입-신학적 해석-적용이라는 틀을 사용한다. 한꺼번에 읽기보다는 일정한 시간의 간격을 두고 한 장씩 읽어나갈 것을 권한다.

6. 《화평케 하는 자는 복이 있나니》, 장 바니에와 공저, 김진선 옮김, IVP, 2010

메탄가스에 노출된 카나리아는 바로 죽는다. 그래서 옛날 광부들은 광산에 들어갈 때 카나리아를 데려갔다. 메탄가스는 무색무취이기 때문에 광부들은 카나리아가 쓰러지는 것을 보고서야 갱 밖으로 긴급히 대피해야 한다는 것을 알았다. 라르쉬 공동체는 교회의 카나리아인지도 모른다. … 라르쉬 공동체가 교회에 전해야 할 말이 바로 이것이라고 생각한다. 라르쉬 공동체는 신실함에서 비롯되는 새로운 시간, 인내, 장소성의 개념을 가르쳐 주고 보편성catholicity에 대한 다른 이해를 만들어 낸다. 바로 이런 방법으로 라르쉬는 교회가 복음을 발견하도록 돕는다. - 본문 中

2006년 애버딘 대학교의 영성·건강·장애 센터Centre for Spirituality, Health and Disability는 라르쉬 공동체 설립자인 장 바니에Jean Vanier와 스탠리 하우어워스를 초청해 장애와 신학과 관련된 주요 주제로 일련의 강연회를 열었고 이 책은 그 강연회의 결과물이다. 원제는 '폭력적인 세상에서 온유하게 살아가기'Living Gently in a Violent World로 하우어워스와 바니에는 각자의 관점에서 중증 장애인들과 "함께 살아가는" 라르쉬 공동체가 오늘날 교회, 그리고 현실에서 어떠한 의미를 갖는지를 살핀다.

총 4장으로 구성되어 있으며 '영성·건강·장애 센터'의 책임자인 존 스윈턴John Swinton이 서론과 결론, 장 바니에가 1장과 3장을, 스탠리 하우어워스가 2장과 4장을 썼다. 두 저자는 모두 폭력의 뿌리는 두려움에 있으며 온전한 사랑, 죄인인 인간에서 일어나는 사랑이 아닌 사랑 그 자체인 하느님께서 주시는 사랑만이 우리가 저 두려움을 몰아내고 평화를 일굴 수 있다는 데 목소리를 같이 한다. 사랑이신 하느님은 폭력, 좌절, 절망으로 얼룩진 일상에 '새로운 시간'을 창조하시고 이 속에서 하느님 백성은 이 세상의 벌거벗은 모습을 마주하면서도 은총에 기대어, 예수 그리스도를 따라 이 세상에 새로우면서도 참된 가치를 일구어 나간다.

2편의 글을 통해 하우어워스는 라르쉬 공동체를 본으로 삼아 '인내', '성품의 훈련' 등과 같은 그리스도교 공동체와 관련하여 자신이 지속하여 주장해 온 덕목에 대해 기술한다. 라르쉬 공동체가 세속적인 장애인 돌봄 기관과 견주었을 때 갖는 가장 큰 차이점은 라르쉬 공동체가 중증 장애인을 '돌봄의 대상'이 아닌 '함께 살아가는 동료 인간'으로 대한다는 점이다. 세속적인 휴머니즘에 바탕을 둔 동정심은 장애인을 동등한 하느님의 형상으로 대하는 것이 아니라 일종의 관리 대상으로 취급하기 때문에 필연적으로 폭력을 수반하며 공동체의 생존력, 생명력은 도리어 약해진다. 중증장애인을 동등한 인격체로 대우하고 함께 살아가기 위해서는 "인내"와 자기 절제, 현대 사회가 강조하는 속도와 효율성을 거슬러 느림과 충분한 시간이 지닌 가치를 받아들일 수 있는 "온유함"을 익혀야 한다. 그리고 "온유함"을 실현하는 장소가 반드시 요청된다. 라르쉬 공동체 구성원들처럼, 그리스도교인들과 교회가 이러한 가치를 현실에서 구현해낼 때 비로소 폭력으로 얼룩진 사회는 치유될 수 있다.

오늘날 교회의 회복을 위해 무엇을 되살리고 경계해야 하는지 곱씹는 데 도움을 주는, 얇지만 단단한 책이다. 라르쉬 공동체라는 하나의 표본을 두고 사뭇 다른 성향을 지닌 이들—로마 가톨릭 전통에 바탕을 두고 있는 바니에는 포용적이고 온화한 반면, 개신교 전통에 바탕을 두고 있는 하우어워스는 전투적이고 열정적이다—이 어떻게 '따로 또 같은' 해석과 이야기를 하는지 살핀다면 독자들은 책을 좀 더 풍요롭게 음미할 수 있을 것이다. 라르쉬 공동체에 대해 좀 더 관심이 있는 독자라면 『정의 없는 평화 없고, 용서 없는 정의 없다』(장 바니에, 다른우리, 2013)를 살펴보기를 바란다.

7. 《십자가 위의 예수》, 신우철 옮김, 새물결플러스, 2009

'나의 하느님, 나의 하느님, 어찌하여 나를 버리셨나이까?'라는 외침은 하느님을 인간적 관점으로 이해하려는 우리의 모든 시도를 산산조각 내버린다. … 우리는 하느님을 초월하시는 분이라고 찬양한다. 하지만 아이러니하게도 우리는 우리가 갖는 초월성의 개념으로 하나님을 우리의 마음속에 가둔다. 예수의 ... 울부짖음은 하느님에 대한 우리의 개념, 즉 하느님은 전능한 능력을 갖고 모든 것을 우리의 유익을 위해 변화시키실 것이라는 가정이 사실상 우상 숭배였음을 폭로한다. 우리가 가정하는 신은 단지 우리가 어떤 목적을 위해서 사용하는 이름에 불과하다. 우리가 맹목적 운명이라고 달리 생각하는 것도 십자가상에서 나온 이 말씀 안에서 무너진다. 십자가상의 이 말씀은, 그리고 십자가 자체는 적어도 우리가 이해한 모든 능력의 흔적이 사라질 때에 하느님을 찾을 수 있음을 의미한다. - 본문 中

『십자가 위의 예수』의 원제는 '십자가에 찢긴 그리스도'Cross-Shattered Christ로 존 F. 딘John F. Deane이 쓴 시 '자비'mercy에서 따왔다. 이 책에서 하우어워스는 가상칠언架上七言, 즉 십자가에 달린 예수가 남긴 일곱 말씀을 묵상한다.

본인도 밝혔듯 『십자가 위의 예수』는 이채로운 책이다. 다른 저작들과 달리 이 책은 현대의 윤리적인 문제들을 구체적으로 언급하지 않는다. 문체 또한 건조하며 그의 말을 빌리면 "어떤 유머도" 없다. 그는 이렇게 함으로써 십자가 사건을 두고 섣불리 판단하지 않게끔, 혹은 개인적인 감상에 쉽게 빠지지 않도록 독자들을 바로 세운다(하우어워스는 십자가 사건을 두고 감상에 빠지는 것을 "복음을 강제로 순응시키려" 하는 행위라며 강력하게 비판한다). 그는 예수가 십자가 위에서 남긴 일곱 말씀을 찬찬히 따라가면서 독자들이 이 비극적인 사건을 통해 하느님의 무한하신 사랑이 어떻게 드러나는지, "어두움"이 어떻게 "동시에 놀라운 빛"인지를 차분히 보여준다.

십자가 사건은 처참하고 이해 불가능할 정도로 고통스러운 사건이다. 역설적이지만, 하느님의 아들이 십자가 위에서 희생되어야만 하는 현실의 비참함을 받아들이지 못하면 우리는 참 사랑이라는 아버지의 뜻을 오롯이 담아내려는 아들의 자기 비움의 신비 또한 알 수 없다. 십자가 사건의 어두움과 빛을 있는 그대로 받아들이지 못하면 우리는 십자가를 실패한 어둠으로만 받아들이게 되거나, 반대로 비참함이란 전혀 없는 빛으로만 받아들이게 된다. 이 둘 모두를 거부하며 짙은 어둠에서 빛을 발견했던 이들, 부활에서 십자가를 해석하고, 십자가를 통해 부활을 예감한 첫 번째 그리스도인들이 교회를 탄생시켰으며 교회는 지금까지 이를 그리스도교인들에게 상기시킨다.

이 얇은 책에서 하우어워스는 시종일관 독자들에게 지극히 높으신 하느님께서 우리의 아버지 되신다는 은총의 선물을 개인 욕망의 실현을 위한 도구로 사용하려는 모든 유혹에 맞서기를, 십자가에 못 박힌 예수를 '주님'으로 고백하는 것이 무엇인지를 깊이 곱씹어 볼 것을 요청한다. 그가 그리스도교 전통에 충실한 이 묵상집을 그가 유대인 학자 피터 옥스Peter Ochs에게 헌정했다는 점은 흥미롭다. 그는 그리스도교를 특별한 방식으로 변증하는 대신, 그리스도교의 핵심 사건, 타자를 위한 존재인 하느님이 인류를 위해 자신을 내어준 사건을 있는 그대로 보여줄 때 더 풍요로운 나눔이 가능하다고 믿은 것이다. 그리고 이 믿음에 피터 옥스는 다음과 같이 화답했다.

"깊은 바다가 서로 부르며"(시 42:7). 저와 그리고 이스라엘 백성과 함께 그리스도교의 가장 소중한 순간의 친밀함을 나누겠다는 생각은 당혹스럽지 않습니다. 어떤 종류의 사랑도 당혹스럽다는 것을 제외하고는 말입니다. ..."사랑해 주세요"라는 외침이 당혹스러운 이유는 이 사랑 앞에서 나는 죄인이었다는 사실을 깨닫고 고백하게 되기 때문입니다. 내가 이해하기로 이 사랑은 일방적인 나눔이 아닙니다. 우리는 사랑받고 사랑하고 있습니다. 우리는 죄인이었지만 지금은 사랑받고 있습니다. - 본문 中

1. 《신도의 공동생활, 성서의 기도서》, 디트리히 본회퍼 지음, 정지련 · 손규태 옮김, 대한기독교서회, 2010

예수는 교회를 형성시키는 이야기이다. 이것은 교회가 세상으로 하여금 세상적인 것이란 무엇인지를 깨닫게 함으로써 세상에 기여한다는 뜻이다. 대조모델이 없다면, 세상은 생존을 위해 권력에 의존하는 자신들의 기이함을 알 수도 없고 느낄 수 없다. 교회가 존재하기에, 세상은 본질적으로 진리에 기초하지 않은 정치를 이어가려는 비정상성을 지니고 있음을 깨닫게 될 것이다. 세상은 구성원들에게 진리를 요구할 기초를 결여하고 있다. 그리스도 이야기에 의해 이루어진 공동체가 있기에, 세상은 개인의 재능과 차이의 총합으로서의 사회의 의미를 깨달을 수 있다. 이처럼 진리에 대한 두려움이 없는 공동체에서, 다른 사람의 타자성은 두려움이라기보다 선물로 주어진 것으로서 환영받게 된다. - 본문 中

『신도의 공동생활』은 1935년 디트리히 본회퍼가 고백교회 신학원 안에 개신교 형제의 집을 열고 수년간 계획한 공동생활을 시작한 뒤 게슈타포가 신학원을 폐쇄한 1937년까지 2년 6개월간의 공동생활 경험을 바탕으로 쓴 교회론 저작이다. 이 저작에서 그는 공동체로 현존하는 그리스도라는 개념을 통해 교회에 대한 새로운 이해를 보여준다.

본회퍼에 따르면 교회는 예수 운동 이후 생겨 난 제도나 법적 기관이 아니다. 교회는 예수 그리스도의 부름을 따라 서로 사랑하는 이들이 만드는 공동체를 통해 현존하시는 그리스도 자신이며, "하나"인 동시에, "지체들의 다수와 친교"가 이뤄지는 "형제 공동체", "사랑의 공동체"다. 이렇게 결합한(그리고 세상에서 해방된) 교회 공동체는 세계 한가운데 그리스도를 위한 영역을 점유하며, 이 세계에 그리스도의 고유한 영역을 마련한 교회 공동체는 "신앙의 비밀 훈련"을 통해 그리스도교 신앙이 세속화되는 것을 막고, 철저하게 그리스도를 선포하는 삶, 성사적 삶, 공동체적 삶을 감당한다.

이 저작을 통해 본회퍼는 개인, 주체를 강조하는 근대에 휘말린 나머지 그리스도교 신앙과 윤리가 사적인 것에 머물고 하느님과의 관계는 심리적 차원으로 환원되며 교회 공동체는 사적 신앙을 위한 특정 공간 또는 보조수난으로 자리매김하는 현실을 비판하며 공동체에 헌신하는 삶, 공동생활이야말로 그리스도교 신앙의 본질이라고 주장한다.

비종교적인 세상 한가운데에서 교회가 교회로서 구별됨과 동시에 그리스도의 고난에 동참하며, 교회의 성화가 곧 세계의 성화로 이어진다는 본회퍼의 교회론은 교회를 형성하는 이야기로서 예수 그리스도를 말하며, 교회가 보여주는 그리스도 이야기와 그에 대한 풍부한 해석을 통해 세상을 세상 되게, 교회를 교회 되게 할 수 있다는 하우어워스의 교회론과 공명하는 바가 있다.

교회론에 있어서 예수 그리스도의 중심성, 개인을 넘어서는 공동체의 강조, 공동체를 통해 성숙해가는 인격과 신앙, 성찬례, 고해 등과 같은 전례가 주는 의미, 교회와 세상과의 관계 등을 염두에 두며 본회퍼의 이 저작과 하우어워스의 저작들을 함께 읽어간다면 훨씬 풍성한 독서가 될 것이다.

2. 《덕의 상실》, 알래스데어 매킨타이어 지음, 이진우 옮김, 문예출판사, 1997

많은 전근대적 전통사회에서는 개인이 자기 자신의 정체성을 획득하거나 또는 타인들이 이 사람의 정체성을 확인하는 수단은 다양한 사회집단에 대한 이 개인의 소속이다. 나는 형제이고, 사촌이고, 손자이고, 이 가계와 저 마을 공동체 그리고 이 부족의 구성원이다. 그것들은 결코 우연히 인간에게 부여된 특성들이 아니며, 또 "진정한 자아"를 발견하기 위하여 제거되어야 할 특성들이 아니다. 그것들은 나의 본질의 한 부분으로서, 적어도 부분적으로 그리고 종종 전체적으로 나의 책무와 의무를 정의한다. 개인들은 서로 결합되어 있는 일련의 사회적 관계 내에서 특정한 사회적 공간을 계승한다. … 그들에게 이 공간이 결여되어 있다면, 그들은 아무것도 아닌 무의 존재이거나, 아니면 적어도 이방인이거나 추방자가 된다. - 본문 中

마이클 샌델Michael Sandel, 마이클 월저Michael Walzer, 찰스 테일러Charles Taylor와 함께 공동체주의를 대표하는 철학자로 꼽히는 알래스데어 매킨타이어의 대표작. 1981년 출간되었으며 영미권에서 윤리학에 관한 현대판 고전으로 꼽힌다. 이 책을 통해 매킨타이어는 근대 계몽주의에 연원을 둔 개인주의와 자유주의, 근대 도덕 철학의 문제점과 한계를 드러내고 그 대안을 공동체와 역사, 그리고 덕Virtue에서 찾는다.

이 책은 크게 두 부분으로 나눌 수 있는데 전반부에서는 계몽주의의 영향을 받은 근대 도덕 철학을 비판하고, 후반부에서는 아리스토텔레스의 덕 윤리, 공동체의 중요성, 그리고 전통과 내러티브라는 대안을 제시하고 있다. 매킨타이어에 따르면 계몽주의 시대 이후 도덕 철학들은 과거 종교가 담당했던 윤리 규범과 의무를 세속화함으로써 인간 본성에서 그 윤리적 당위를 찾고자 했다. 합리주의, 경험주의와 같은 근대 이후 윤리 사상들은 과거의 전통과 문화, 종교, 역사에서 단절된, 탈상황적이고 객관적이며 중립적인 윤리 이론과 실천을 지향한다는 점에서 모두 계몽주의의 영향권 아래 있다. 그러나 결과적으로 근대 윤리는 보편과 중립을 말하되 공통의 지향점을 상실했다. 역사와 전통을 가진 공동체라는 공통의 기반을 인정하지 않기 때문에 근대 이론들은 결국 각자가 옳다고 여기거나 또는 원하는 바를 긍정하는 윤리가 될 수밖에 없다.

그는 다양한 윤리적 실천과 신념, 개념 체계는 인간의 역사와 인간학에서 배워야 한다고 강조하면서 아리스토텔레스의 덕 이론, 그리스도교, 호메로스의 이야기에 주목한다. 이 중에서도 아리스토텔레스의 덕 이론은 중요하다. 이 이론은 과거의 전통을 상기시키며 인간의 선은 공동체를 통해 성취해야 함을 강조하기 때문이다. 이때 공동체란 근대 이론들이 말하는 개인들이 '계약으로 얽힌' 집단이 아니다. 공동체란 공간과 시간을 공유하며 함께 살아온, '사랑과 우애로 엮인' 집단이다. 공동체는 오랜 역사를 지니고 내려오는 이야기 즉 내러티브를 공유하며, 공동체의 구성원들은 이 내러티브에서 자신의 정체성을 찾고 미래의 지향점을 설정해 사회를 바꾸어 나간다. 전통, 공동체, 덕, 내러티브에 관한 매킨타이어의 논의는 하우어워스에게 말 그대로 지대한 영향을 미쳤다. 『한나의 아이』에서 그는 이 저작이 자신에게 미친 영향을 밝힌 바 있다.

나는 이 책(덕의 상실)이 세상을 바꿔 놓았다고 생각한다. 적어도 내가 일하는 세계는 바꿔 놓았다. 물론 『덕의 상실』을 읽기 전에 나는 덕에 대한 이론을 전개했다. ... 우리 삶을 일관성 있게 이해하기 위해서는 내러티브가 필요하다고 제안하며, 내러티브와 덕에 뿌리내린 새로운 도덕에는 (근대) 자유주의 정치 관행과 정치학에 대한 비판이 따라올 거라고 썼다. 그러나 『덕의 상실』이 보여 준 명료한 논증에 힘입어 비로소 나는 『평화의 나라』 같은 책을 쓸 수 있었다. ... 알래스데어는 하느님에 대한 지식과 인간됨의 의미가 뗄 수 없이 이어져 있음을 보이는 데 필요한 개념적 도구들을 내게 제공해 주었다. -『한나의 아이』中

3. 《교의학 개요》, 칼 바르트 지음, 신준호 옮김, 복 있는 사람, 2015

바르트는 복음을 세상 속의 현실 체제에 맞추기를 거부하고 교회를 복음에 맞추려고 했다는 점에서 …"새롭고" … "급진적"이다. 바르트에게서 우리는, 신학 연구의 목적이 이치에 맞는 개념으로 세상을 설명해 내는 데 있는 것이 아니라 삶을 변화시키는 것, 즉 복음의 놀라운 주장들에 비추어 삶을 재형성하는 데 있다는 신약 성서의 주장을 재발견한다.

-『하나님의 나그네 된 백성』中

칼 바르트는 존 하워드 요더, 알래스데어 매킨타이어, 루트비히 비트겐슈타인과 더불어 하우어워스의 신학 사상에 결정적인 영향을 미친 신학자다. 하우어워스는 많은 지면을 통해 자신이 바르트와 요더에게 얼마나 많은 빚을 지고 있는지를 밝혔으며 자신이 신학자로서 공헌한 바가 있다면 요더와 바르트가 말하고자 했던 바를 좀 더 잘 알 수 있도록 몇 가지 개념을 추가한 것이라고도 말한 바 있다. 『교의학 개요』는 1946년 독일 본 대학에서 강의한 내용을 엮은 책으로 제목에서 알 수 있듯 자신이 전개한 교의학의 핵심 내용을 설명하고 있다. 그 때문에 이 책은 『개신교신학 입문』(복 있는 사람 역간)과 더불어 바르트 신학을 개관하는 대표적인 입문서로 꼽히기도 한다.

이 저작에서 바르트는 사도신경을 중심으로 교의학의 다양한 주제를 검토한다. 총 24장으로 구성되어 있으며 장마다 도입 명제를 먼저 제시하고 그다음 이를 신학적으로 설명하는 방식을 취하고 있다. 본격적인 논의를 시작하며 바르트는 말한다.

그리스도인들이 …자신의 행위에 대해서만 그리고 (믿음의 대상이 아니라 믿는 주체인) 인간 자신에게 발생하는 체험적 자극과 동요에 대해서만 논의했던 시대, 그리고 우리가 무엇을 믿어야 하는지에 대해서는 침묵했던 시대는 전혀 좋은 시대가 아니었다. 신앙고백이 …철저하게 객관적 측면에 대해서만 말할 때, 그때 그 고백은 또한 우리 인간에게 관계되는 것 그리고 우리가 어떻게 존재하고 행동하고 체험해야 하는가 하는 것에 대해서도 분명하고 깊고 완전하게 말해 준다. 누구든지 자기 생명을 보존하려는 사람은 잃을 것이요, 나를 위해서 생명을 잃는 사람은 자기 생명을 얻게 될 것이라는 말은 여기서도 타당하다. 누구든지 주체를 구하고 보존하려는 자는 잃을 것이지만, 객체로 인하여 주체를 버리는 자는

그것을 구원하게 될 것이다. - 본문 中

이어서 바르트는 차례로 믿음, 삼위일체 하느님, 예수 그리스도, 성령, 공동체, 죄의 용서, 몸의 부활과 영원한 생명을 진술해 간다. 전 장에 걸쳐 하느님은 하느님이며(인간은 하느님이 아니며) 하느님은 우리에게 이스라엘 백성을 통해, 무엇보다도 예수 그리스도를 통해 당신의 뜻을 알린다는 점, 이 세계는 인간이 아닌 하느님의 주권 아래 있으며 설사 인간이 그 뜻을 거스른다 할지라도 당신께서는 사랑으로 화해의 역사를 진행하고 계신다는 것, 그리스도교인은 이를 듣고 감사하며 책임지는 존재라는 바르트 신학의 핵심 논의들이 다양한 방식으로 울려 퍼지고 있다.

바르트의 다른 저작들에 견주었을 때 얇은 분량이지만, 바르트의 신학이 지닌 힘과 매력을 살피기에는 부족함이 없으며 하우어워스가 어떤 면에서 바르트의 직접적인 영향권 아래 있는지 구체적으로 파악할 수 있게 해주는 저작이다(이미 앞선 인용구에서도 우리는 하우어워스의 '변증 신학' 비판, 근대성 비판에 대한 전조를 발견할 수 있다). 2000년 하우어워스는 이 저작을 두고「퍼스트씽스」에서 다음과 같이 평했다.

『교의학 개요』는 신실한 그리스도인이 말하는 법을 잃어버린 세상에서 어떻게 하느님에 관해 말해야 하는지를 알려주는 얇지만, 강렬한 책이다.

4. 《예수의 정치학》, 존 하워드 요더 지음, 신원하, 권연경 옮김, IVP, 2007

가장 단순하게 그리고 가장 논쟁적인 차원에서 말하자면, 이 책은 한 마디로, 주류 그리스도교 신학이 신약의 메시지에 담긴 평화주의적 함의들을 도외시해 온 현실에 대한 그리스도교 평화주의자의 대응이라고 할 수 있다. 가장 심오하게 표현해 본다면, 본서는 근본적인 철학적 해석학 작업의 하나로 …‘성서 실재론’biblical realism라는 이름 아래 주창되었던 성서에 담긴 독특한 세계관에 관한 통찰들을 그리스도교 공동체의 삶의 영역에 적용해 보려는 시도다. - 초판 서문 中

존 하워드 요더는 칼 바르트, 알래스데어 매킨타이어, 루트비히 비트겐슈타인과 더불어 하우어워스의 신학 사상의 중요한 바탕이 되는 신학자이자 평화주의자다. 바르트와 마찬가지로 하우어워스는 많은 지면을 통해 자신이 요더에게

얼마나 많은 영향을 받았는지를 밝혔다. 특히나『예수의 정
치학』이 그에게 미친 영향은 결정적이다.

『예수의 정치학』은 1972년 에드만 출판사에서 출간된다. 그
책이 내게 칸트가 흄을 읽고 받았다는 … 영향력을 주었다고
생각하지는 않는다. … 그러나 나는 요더의 책이 말하는 내
용이 여러 선택지 중 하나로 고려할 수 있는 입장이 아니라
는 것을 알아보았다. … 요더 때문에 나는 비폭력주의가 예
수가 우리에게 추천하신 권고 사항이나 이상이 아니라는 것
을 알 수밖에 없었다. 비폭력주의는 하느님이 구원의 방법
으로 강제력을 쓰기를 거부하셨다는 사실 안에 이미 들어 있
다. 십자가 처형은 '예수의 정치학'이다. -『한나의 아이』中

하워드 요더의 이 저작은 하우어워스 뿐 아니라 당대 신
학계에 커다란 파문을 일으켰다. 이 저작은 당대 그리스도교
윤리학의 주요 흐름이었던 (라인홀드 니버의) '그리스도교 현실
주의'Christian Realism에 맞서 '성서 실재론'을 내세웠고 그리스
도교 윤리학이 그리스도교 신앙의 근본인 예수의 삶과 가르
침에서 다시 출발해야 함을 그리스도교계에 상기시킨 책으
로 평가받는다. 이러한 공헌을 인정해 크리스채너티 투데이

는 이 책을 20세기 가장 영향력 있는 그리스도교 서적 100권 가운데 5번째 책으로 선정했다(1위는 C.S.루이스C.S Lewis의『순전한 기독교』Mere Christianity(홍성사 역간), 2위는 디트리히 본회퍼의『나를 따르라』Nachfolge(대한기독교서회 역간), 3위는 칼 바르트의『교회 교의학』Die Kirchliche Dogmatik(대한기독교서회 역간), 4위는 J.R.R 톨킨 J.R.R Tolkien의『반지의 제왕』The Lord of the Rings(시공사 역간)이다).

총 12장으로 이루어져 있는 이 책에서 요더는 밀라노 칙령 이후 그리스도교가 시종일관 예수의 삶과 가르침이 하느님 나라와 그 나라 백성의 삶에 있어 유효한 모델이요 규범이 됨을 인정하지 않고 세상이 말하는 삶의 방식에 타협해 왔다고 진단한다. 그 결과 교회는 신약 성서에 나타난, 세상과 구별된 공동체의 비전과 윤리를 잃어버렸다. 게다가 근대 이후 신학은 예수가 "당대의 사회 문제와 관계가 아예 없거나 혹은 적어도 직접적인 관계"가 없다는 식으로 말하며 그리스도교 메시지를 세상 문화에 맞게 "번역"하려 한 나머지 예수 활동이 지닌 정치 윤리적 성격, 그리스도교 메시지가 지닌 전복적인 성격을 희석했다. 그는 이러한 현실과 경향에 맞서 교회가 다시금 "'예수의 발자취를 좇는" 제자의 원리를 따라 예수의 행동과 가르침을 그 현재적 의미와 직접 연결하고, 예수의 삶을 재현하는 "본받음의 윤리"를 추구할 것을 촉

구한다. 하느님 나라 백성이 되기로 결단한 신앙인들은 예수의 삶과 가르침을 통해 드러난 하느님의 뜻을 따라 신실하게 살아가야 한다. 그 길은 강압과 무력의 길이 아닌, 사랑과 평화의 길이다. 교회 공동체는 이 길을 걸어감으로써 기존의 질서, 윤리와는 전혀 다른 새로운 질서와 윤리를 가진 공동체, 새로운 대안 사회로서 이 세상에 영향력을 행사해야 한다고 그는 힘주어 말한다.

그리스도교 사상의 흐름에서 평화주의는 항상 있었다. 하지만 (인류애 혹은 형제애에 근거하여 논의를 펼친 통념적인 평화주의 저작들과는 달리) 이 저작은 치밀한 성서 주석을 통해, 예수 그리스도 사건에 중심을 두고 평화주의의 당위를 이끌어내 그리스도교 평화주의의 새로운 장을 열었다. 이 책을 읽고 난 뒤 하우어워스의 저작을 읽으면 하우어워스가 제기하는 비판과 대안이 요더의 이야기에 기원을 두고 있음을 감지할 수 있을 것이다. 이 책을 읽고 하우어워스와 다른 방식으로 생각과 실천을 이어나가는 것은 가능하지만 이 책을 읽지 않은 채 하우어워스의 사상을 온전히 이해한다는 것은 불가능한 일이다.

하느님의 성품과 그리스도교의 사역에 기초한 그리스도교

적 평화주의는, 우리의 순종과 궁극적 효율성 사이의 계산적 관계가 끊어진 그런 종류의 평화주의다. 하느님의 승리란 부활을 통해 오는 것이지 효율적인 다스림이나 생존의 보장을 통해 오는 것이 아니기 때문이다. - 본문 中

5. 《쇠얀 키에르케고어 – 불안과 확신 사이에서》, 매튜 D.커크패트릭 지음, 정진우 옮김, 비아, 2016

키에르케고어가 내게 정말 그렇게 큰 영향력을 행사했는지 의아해할 사람들이 있을 것이다. 내가 그를 거의 언급하지 않기 때문이다. 타당한 지적이긴 하지만, 그가 언제나 나의 뇌리에 머무는 것은 분명하다. 사실대로 말하면, 어떤 사상가들의 저작을 잘 '사용'하려면 매일 그들과 함께 살 필요가 있는데 나는 키에르케고어가 그런 사상가 중 한 명이라고 진즉에 결정을 내렸다. - 『한나의 아이』 中

스탠리 하우어워스가 키에르케고어의 영향을 많이 받았다는 고백은 얼핏 기이하게 들린다. 하느님 앞에 선 단독자, 즉 개인을 누구보다 강조했던 사상가를 '공동체로서의 교회'를 시종일관 강조한 신학자가 영향을 받았다는 사실이 어색하게 다가오기 때문이다. 하지만 키에르케고어는 하느님 앞에 선 단독자를 강조했던 사상가였을 뿐만 아니라 그리스도교 메시지가 지닌 강렬함과 역설적인 측면을 제거함으로써 인간의 안정에 대한 욕구를 충족시켜주려 하는 현실 교회를 누구보다 강력하게 비판했던 이기도 하다. 하우어워스의 신학적 영감의 원천이었던 칼 바르트에게 키에르케고어가 "진리의 용맹한 증인"이었듯 하우어워스에게 키에르케고어는 그리스도교 진리가 지닌 실천적인 측면("나는 …신앙의 '무엇'을 이해하기 위한 필요조건으로 신앙의 '어떻게'를 강조하는 그(키에르케고어)의 주장이 옳다고 확신했다")을 알려준 중요한 스승이었다.

『쇠얀 키에르케고어 - 불안과 확신 사이에서』는 3장에 걸쳐 키에르케고어 사상의 특징을 윤리와 사랑에 관한 논의에 초점을 맞추어 소개한다. 지은이 매튜 D.커크패트릭이 소개한 키에르케고어의 그리스도교 비판은 하우어워스가 미국 그리스도교계에 가하는 비판과 크게 다르지 않다.

우리가 영원성을 위해 창조되었다는 내적인 의미를 없애는 가장 손쉬운 방법은 그 의미를 완전히 무시해 버리는 것이 아니라 그 의미를 억누를 수 있는 하나의 종교형식을 만들어 내는 것이다. 그리스도교는 인간이 만든 환영을 파괴하는 대신, 그 환영에 잘 들어맞는 새로운 형식으로 개조되었다. 수많은 그리스도교인이 그리스도를 '지금, 여기'서 우리와 직접 대면하시는 분이 아니라 우리가 이해하고 존경할 수 있는 손쉬운 관념이나 도덕적 모범으로 받아들인다. 무수한 그리스도교인이 죄 많은 우리의 자아에 죽음을 요구하는 고귀한 은총보다 아무런 노력 없이도 만물을 구원해 주신다는 값싼 은총을 받아들인다. … 즉 대다수 그리스도교인은 그리스도교를 자신의 안정을 뒤흔들고 임박한 위험을 알리는 경고등이 아니라 만사형통을 보장하는 안전한 보험으로 여긴다.

- 본문 中

또한 이 책에는 키에르케고어의 저작 목록, 1차 저작 및 함께 읽어볼 만한 책들에 대한 해설이 실려 있어 키에르케고어라는 방대한 숲에서 길을 잃지 않으면서도 그 숲이 빚어내는 다양한 색과 결을 감상하는 데 도움을 얻을 수 있다. 이 책을 길잡이 삼아 키에르케고어의 그리스도교 관련 저작들을 살핀다면 근대 이후 스탠리 하우어워스의 논의가 나오기까지 어떠한 사상의 진전이 있었는지를 가늠해 볼 수 있을 것이다.

6. 《라인홀드 니버 – 현실적인 이상주의, 이상적인 현실주의》, 리처드 해리스 지음, 안태진 옮김, 비아, 2016

니버는 그리스도교 신앙이 예언자적이라고 보았으며 여기에 바탕을 두고 혹독하게 미국 현실 권력의 환상과 허세를 비판했다. 아우구스티누스와 마찬가지로 니버는 그리스도인이 정치 공동체의 일원으로서 자신의 손을 더럽힐 수밖에 없다고 생각했다. - 본문 中

라인홀드 니버는 스탠리 하우어워스 이전에 미국에서 가장 대표적인 그리스도교 윤리학자였으며 자신의 동생인 리처드 니버Richard Niebuhr, 폴 틸리히와 함께 사반세기 가량 미국 신학을 이끌었다. 한 사상가가 커다란 영향력을 행사하면 후대 사상가들은 그 연장선상에서 작업을 하거나 새로운 전통을 끌어와 기존 작업을 뒤집는 방식으로 자신의 사상을 전개하곤 한다. 하우어워스가 택한 방식은 후자였다. 그는 칼 바르트와 존 하워드 요더를 끌어와 니버의 그리스도교 현실주의를 강하게 비판했다. 하지만 하우어워스가 니버 신학이 지닌 통찰력과 힘까지 평가절하한 것은 아니다.

나는 늘 니버에게 경외심을 느꼈다. 니버를 만난 적은 없지만 언제나 그를 지적 에너지의 본보기로 생각했다. … 그의 저작을 보면 압도되지 않을 수가 없다. … 그의 저작은 우리 삶에 대한 가차 없는 정직함을 담고 있기에 설득력을 발휘한다. -『한나의 아이』中

그가 라인홀드 니버를 비판한 이유는 라인홀드 니버의 사상이 그리스도교인으로 하여금 현실이 불가피한 것처럼 생각하게 하고 그 안에서 변화를 도모하게(그리하여 문화와 타협하는 방식으로, 혹은 화해하는 방식으로) 이끌었기 때문이다. 하우어워스의 시선에서 니버의 신학 사상은 "정직함"을 갖고 있었지만 복음이 지닌 변혁적인 성격, 묵시론적 방식을 거세하고 축소한 신학, 신학적 상상력을 불러일으키지 않는 인간적인 신학이었다. 이는 근대의 세례를 받은 많은 이에게 매력적이고 유혹적이다. 하지만 그리스도교가 전하는 메시지는 이를 거스른다.

(윌리엄) 제임스는 목적 없는 세계의 한복판에서 우리가 어떻게 살 수 있는지에 대해 가장 인간미 있는 이론을 제시했다. … 니버의 신학은 제임스의 세계를 사실로 전제할 때 우리가

내놓을 수 있는 최선의 이론이다. 그에 반해 바르트가 본을
보인 …신학적 진술은 제임스의 니버의 추정이 들어 설 자리
가 없는 세계와 시간을 가능하게 한다. -『한나의 아이』中

　이러한 하우어워스의 비판이 온당한지를 알기 위해서는
하우어워스의 비판을 잠시 제쳐두고 니버가 실제로 의도했
던 바가 무엇인지, 그의 사상의 특징이 무엇인지를 살펴야
한다. 하우어워스는 자신의 상황 속에서 바르트(혹은 요더)
와 니버(혹은 틸리히)의 사상을 양자택일의 문제로 놓고 바르
트의 길로 가야만 한다고 판단했지만 오늘날 우리는 우리의
상황 속에서 다른 길을 택할 수도 있고, 더 나아가 틀 자체를
바꾸어 볼 수도 있기 때문이다.

　『라인홀드 니버 - 현실적인 이상주의, 이상적인 현실주의』
는 라인홀드 니버에 관한 입문서로 지은이 리처드 해리스는
니버의 사상을 소개하며 다양한 권력관계로 이루어진 현실
에 대한 냉철한 관찰, 그 현실 이면에 깔려있는 인간의 가능
성과 한계에 대한 성찰, 민주주의에 대한 비판적인 옹호는
오늘날에도 여전히 유효하다고 주장한다. 책 후반부에는 스
탠리 하우어워스의 니버 비판을 소개하며 니버의 입장에서
그 비판에 대응하고 있는데 독자들은 이를 살피며 좀 더 균

형잡힌 시선을 가질 수 있을 것이다.

7. 《조직신학 Ⅰ》, 폴 틸리히 지음, 유장환 옮김, 한들 출판사, 2001

나의 조직신학의 목적은, 나는 이것이 정당한 목적이라고 믿고 있는데, 변증적인 관점에서 쓰여지고 철학과의 지속적인 상호연관 속에서 완성된 신학체계의 방법과 구조를 제시하려는데 있다. 곧 조직신학 각 권의 근본적인 주제는 상관관계의 방법the method of correlation이며, 각 권의 내용은 신학의 주요 문제에 대한 논의를 통해서 해명된 이 상관관계의 방법의 체계적인 결과들이다. 만일 내가 이 상관관계의 방법의 변증적인 적합성과 체계적인 유용성을 증명하는데 성공했다면 자는 내 조직신학이 가지고 있는 여러 가지 한계들을 결코 후회하지 않을 것이다. … 물음에 대답하도록 돕는 것A help in answering question, 이것이 바로 나의 조직신학의 근본적인 목적이다. - 본문 中

하우어워스는 『한나의 아이』에서 말했다.

바르트를 읽으면서는 '예수님은 주님이시다' 같은 주장이 올

바로 전해지려면 끊임없는 변주가 필요하다는 사실을 깨닫지 않을 수 없었다. 『교회교의학』 모든 책은 한 가지를 잘 말하기 위해 필요한 연관관계를 보여 주는 훈련이다. 그러므로 바르트의 시각에서 볼 때 신학의 임무는 결코 끝날 수 없다. 폴 틸리히는 『조직신학』을 끝내야 했다. 바르트는 『교회교의학』을 끝낼 수가 없었다. 그가 마무리를 했다면 처음부터 다시 시작해야 했을 것이기 때문이다.

이 말은 하우어워스가 자신이 어떠한 신학적 흐름에 몸담고 있는지를 보여준다. 그리스도교가 가진 이야기 즉 그리스도교 신앙의 진리를 바르게 알고, 이를 실천하는 공동체를 통해서 인간과 세계가 자기 자신의 자리를 잡을 수 있게 된다는 주장은 칼 바르트의 신학과 공유하는 점이 많다. 바르트와 마찬가지로 그는 그리스도교의 핵심 주장을 그리스도론과 삼위일체론에서 찾았고 그의 저작들은 이 두 교리에 대한 신학적 분석과 이해, 적용의 변주라 할 수 있다. 바르트에게 있어 신학이 교회라는 현장과 분리될 수 없듯, 그리고 불가피하게 윤리적이고 정치적인 성격을 지니듯 하우어워스의 신학 역시 교회라는 현장과 밀접하게 연관되어 있으며 그의 윤리학과 정치학은 분리되지 않는다. 제2차 세계대전 당시 나치즘에 굴복했던 독일 교회를 향해 바르트가 자신의 신학으로 경종을 울렸듯 하우어워스는 근대 이후 자본주의와 소비주의에 물든 현대 미국 교회에 다양한 방식으로 경종을 울렸다.

그러나 스탠리 하우어워스의 신학은 바르트의 신학만큼이나 논쟁적이다. 배타적이며 일방적이라는 바르트 신학에 대한 비판은 하우어워스의 신학에도 마찬가지로 적용될 수 있다. 그리스도교 및 교회를 자신이 지닌 고유한 이야기에 집중케 하려는 하우어워스의 시도는 교회를 이 세계와 무관한, 세계에서 추방된 고립된 섬으로 만들 위험이 있다. 끝낼 수 없는 변주는 아무리 변주라 하더라도 하나의 멜로디만을 갖고 있다. 그 하나의 멜로디만을 고집하는 태도가 하느님의 창조성, 자유와 다양성을 억압하지는 않는지 생각해 볼 필요가 있는 것이다. 이 점에서 틸리히의 조직신학, 그의 상관관계 방법론이 보여주는 물음과 대답의 대화 구도는 (아무리 하우어워스가 라인홀드 니버와 더불어 틸리히를 현대 신학이 '넘어야 할 장벽', 어느 정도 비아냥을 담아 "19세기 최후의 위대한 신학자"로 꼽았다 할지라도) 여전한 가치를 지니고 있으며 독자들은 둘을 함께 두고 더 깊게 고민해 보아야 한다. 영원한 진리에 집중한 바르트, 하우어워스와 달리 틸리히는 '신학적 상황'이라는 또 다른 극에 주목했다. 그에게 영원한 진리와 시간적 상황은 신학의 양대 극이며 신학은 그리스도교의 진리를 진술하는 일과 이 진리를 모든 새로운 세대를 위해 해석하는 일 모두를 충족해야 한다. 이는 특정 시간과 공간에 매여있는 '교회'가 요청하는 바이기도 하다.

하우어워스의 신학(그리고 바르트의 신학)은 영원한 진리를 드러낸 그리스도교의 내용을 분명하게 밝히고 그리스도교 이야기를 풍성하게 하며 이를 살아내면 모든 새로운 세대가 그리스도교 이야기에 친숙해지고 세상도 올바른 방향을 잡게 될 것이라는 희망을 품고 있다. 하지만 이러한 시도는 영원한 진리를 진리의 시간적 표현과 혼동하게 만들거나 때로는 특정 시점의 해석에만 집착함으로써 현재 상황과 아무런 공명을 일으키지 못한 채 교회 공동체의 폐쇄적인 성격만 가중할 수 있다. 이때 영원한 진리인 그리스도교 메시지가 성서나 전통의 특별한 표현과 동일시 될 수 없다는 틸리히의 지적은 경청해볼 만한 가치가 있으며 이러한 주장 아래 진행한 틸리히의 신학적 시도들은 칼 바르트 및 하우어워스의 중요 대화자로 여전한 가치를 갖는다. 교리와 진리를 혼동하고, 자신의 신앙고백과 성서의 하느님을 동일시하며, 성서의 문자에 집착하여 신학은 필요 없다고 하면서, 교회나 목사의 권위를 함부로 내세우는 한국 교회라는 현실을 생각하면 더욱 그러하다. 이러한 현실에서 하우어워스의 주장들은 교회의 자기폐쇄성을 합리화하는 근거로 오용되기에 십상이다.

그리스도교 신앙과 신학이 물음에 대한 대답을 물음으로부터 곧바로 끌어오는 실수나, 물음 없는 대답만을 강요하는 억압에서 벗어나려면, 그리스도교 이야기뿐만 아니라 세상의 이야기도 경청해야 한다는 틸리히의 제안은 유효하다. 그의 신학적 작업은 그리스도교 이야기에 이미 상황이 놓여 있음을, 하느님 이야기는 인간의 이야기와 다르나 '이야기'는 인간의 이야기 속에서만 가능하다는 해석학적 통찰을 보여준다. 하우어워스의 통찰을 온전히 음미하기 위해서라도 틸리히의 『조직신학 I』—특히 영원한 그리스도교 메시지와 상황을 연결하는 그의 방법론의 필요성과 조직신학의 본질을 세세하게 논의하는 서론—은 숙지해 둘 필요가 있다.

· **Vision and Virtue: Essays in Christian Ethical Reflection.** Notre Dame, IN : Fides Publishers, 1974.

· **Character and the Christian Life: A Study in Theological Ethics.** San Antonio : Trinity University Press, 1974. (1975)

· **Truthfulness and Tragedy: Further Investigations into Christian Ethics** (with Richard Bondi and David Burrell). Notre Dame: University of Notre Dame Press, 1977.

· **A Community of Character: Toward A Constructive Christian Social Ethic.** Notre Dame: University of Notre Dame Press, 1981. 『교회됨』(북 코리아 역간)

· **The Peaceable Kingdom: A Primer in Christian Ethics.** Notre Dame: University of Notre Dame Press, 1983.

· **Revisions: Changing Perspectives in Moral Philosophy** (with Alasdair MacIntyre). Notre Dame: University of Notre Dame Press, 1983.

· **Should War Be Eliminated? Philosophical and Theological Investigations.** Milwaukee, Wis.: Marquette University Press, 1984.

· **Against the Nations: War and Survival in a Liberal Society.** Minneapolis: Winston Press, 1985.

· **Suffering Presence: Theological Reflections on Medicine, the Mentally Handicapped, and the Church.** Notre Dame: University of Notre Dame Press, 1986.

· **Christian Existence Today: Essays on Church, World, and Living in Between.** Durham, NC: Labyrinth, 1988. (1988)

· **Resident Aliens: Life in the Christian Colony** (with William Willimon). Nashville:

Abingdon, 1989.『하나님의 나그네 된 백성』(복 있는 사람 역간)

· **Naming the Silence: God, Medicine and the Problem of Suffering.** Grand Rapids: Eerdmans, 1990.

· **After Christendom? How the Church Is to Behave If Freedom, Justice, and a Christian Nation Are Bad Ideas.** Nashville, TN: Abingdon Press, 1991.

· **Schooling Christians: Holy Experiments in American Education** (with John Westerhoff). Grand Rapids: Eerdmans, 1992.

· **Unleashing the Scripture: Freeing the Bible from Captivity to America.** Nashville, TN: Abingdon Press, 1993.

· **God, Medicine, and Suffering.** Grand Rapids: Eerdmans, 1994.

· **Theology Without Foundations: Religious Practice and the Future of Theological Truth** (with Nancey Murphy and Mark Nation). Nashville, TN: Abingdon Press, 1994.

· **Dispatches from the Front: Theological Engagements with the Secular.** Durham: Duke University Press, 1994.

· **In Good Company: The Church as Polis.** Notre Dame: University of Notre Dame Press, 1995.

· **Lord, Teach Us: The Lord's Prayer and the Christian Life** (with William Willimon). Nashville, TN: Abingdon Press, 1996.『주여, 기도를 가르쳐 주소서』(복 있는 사람 역간)

· **Where Resident Aliens Live** (with William Willimon). Nashville, TN: Abingdon Press, 1996

· **Christians Among the Virtues: Theological Conversations with Ancient and Modern Ethics** (with Charles Pinches). Notre Dame: University of Notre Dame Press, 1997.

· **Wilderness Wanderings: Probing Twentieth Century Theology and Philosophy.** Boudler, CO: Westview, 1997.

· **Sanctify Them in Truth: Holiness Exemplified.** Nashville, TN: Abingdon Press, 1998.

· **Prayers Plainly Spoken.** IL: IVP Books, 1998.

· **The Truth About God: The Ten Commandments in Christian Life** (with William Willimon). Nashville, TN: Abingdon Press, 1999. 『십계명』(복 있는 사람 역간)

· **A Better Hope: Resources for a Church Confronting Capitalism, Democracy and Postmodernity.** Grand Rapids: Brazos, 2000.

· **With the Grain of the Universe: The Church's Witness and Natural Theology.** Grand Rapids: Brazos, 2001.

· **Growing Old in Christ.** Grand Rapids: Eerdmans, 2003.

· **Performing the Faith: Bonhoeffer and the Practice of Non-Violence.** Grand Rapids: Brazos, 2004.

· **The State of the University: Academic Knowledges and the Knowledge of God.** Massachusetts: Blackwell, 2007.

· **Matthew** (Brazos Theological Commentary on the Bible). Grand Rapids: Brazos, 2007.

· **Christianity, Democracy, and the Radical Ordinary: Conversations between a Radical Democrat and a Christian**(with Romand Coles). Eugene, OR: Wipf and Stock, 2007

· **Living Gently in a Violent World: The Prophetic Witness of Weakness** (with Jean Vanier). IL: IVP Books, 2008. 『화평케 하는 자는 복이 있나니』(IVP 역간)

· **A Cross-Shattered Church: Reclaiming the Theological Heart of Preaching.**

Grand Rapids: Brazos, 2009.

· **Hannah's Child: A Theologian's Memoir.** Grand Rapids: Eerdmans, 2010. 『한나의 아이』(IVP 역간)

· **Cross-Shattered Christ: Meditations on the Seven Last Words.** Grand Rapids: Brazos, 2011. 『십자가 위의 예수』(새물결플러스 역간)

· **Working with Words: On Learning to Speak Christian.** Eugene, OR: Wipf and Stock, 2011.

· **War and the American Difference: Theological Reflections on Violence and National Identity.** Grand Rapids, MI: Baker Academic, 2011.

· **Without Apology: Sermons for Christ's Church.** New York: Seabury Books, 2013.

· **Approaching the End: Eschatological Reflection on Church, Politics, and Life.** Grand Rapids: Eerdmans, 2013.

· **The Holy Spirit** (with Will Willimon). Nashville, TN: Abingdon Press, 2015. 『성령』(복 있는 사람 역간 예정)

· **The Work of Theology.** Grand Rapids: Eerdmans, 2015.

우리에게 물을 부어주시는 주님,

당신의 생명 방주에 머무를 수 있도록

폭력의 바다에서 당신이 주시는 평화에 머무를 수 있도록

당신의 성령으로 우리를 씻겨주소서.

『꾸밈없이 드리는 기도』 中

스탠리 하우어워스
시민, 국가 종교, 자기만의 신을 넘어서

초판 발행 | 2016년 8월 24일

지은이 | 마크 코피
옮긴이 | 한문덕

발행처 | ㈜타임교육
발행인 | 이길호
편집인 | 김경문
편　집 | 민경찬 · 안연주
제　작 | 김진식 · 김진현
재　무 | 장무창 · 강상원
마케팅 | 이태훈 · 방현철
디자인 | 손승우

출판등록 | 2009년 3월 4일 제322-2009-000050호
주　소 | 서울시 성동구 성수동2가 281-4 푸조비즈타워 5층
주문전화 | 02-3480-6627
팩　스 | 02-395-0251
이메일 | via@t-ime.com

ISBN | 978-89-286-3686-0
ISBN(세트) | 978-89-286-2921-3 04230
한국어판 저작권 ⓒ 2016 성공회 서울 교구

* 이 책이 출판될 수 있도록 후원해주신 성공회 독서운동 후원자분들께 감사를
  드립니다.
* 값은 뒤표지에 있습니다. 잘못된 책은 구입하신 곳에서 바꾸어 드립니다.
* 비아는 ㈜타임교육의 단행본 출판 브랜드입니다.